Hochschwarzwald

BIRGIT HERMANN

LIEBLINGSPLÄTZE
zum Entdecken

Hochschwarzwald

BIRGIT HERMANN

KULTUR

GMEINER

Sofern hier nicht erwähnt, stammen alle Fotos von der Autorin Birgit Hermann. Hochschwarzwaldtouristik GmbH 12, 30, 62, 144, 170; detshana/Fotolia.com 30; Margarete Köpfer 124, 126; Elisabeth Kaiser 128; Margarete Schwär 180

Besuchen Sie uns im Internet:
www.gmeiner-verlag.de

2., aktualisierte Auflage 2019
© 2018 – Gmeiner-Verlag GmbH
Im Ehnried 5, 88605 Meßkirch
Telefon 0 75 75/20 95-0
info@gmeiner-verlag.de

Lektorat/Bildredaktion: Katja Ernst
Satz: Julia Franze
Bildbearbeitung/Umschlaggestaltung: Benjamin Arnold
unter Verwendung eines Fotos von Valerie Loiseleux/istock.com
Kartendesign: Maps4News.com
Druck: AZ Druck und Datentechnik GmbH, Kempten
Printed in Germany
ISBN 978-3-8392-2217-1

Karte 10

1 Im Herzen der Stadt ///
   Münster St. Jakobus, Titisee-Neustadt 13

2 In Stein gehauen ///
   Skulptur Schwarzwälder, Titisee-Neustadt 15

3 Vom Armenhospiz zum Speiselokal ///
   Café und Restaurant Klösterle, Titisee-Neustadt 17

4 Unseren Helden ///
   Fullbergkreuz, Titisee-Neustadt 19

5 Weitenjäger ///
   Große Hochfirstschanze, Titisee-Neustadt 21

6 Kraftort ///
   Vögelefelsen, Titisee-Neustadt 23

7 Treffpunkt für Jung und Alt ///
   Felsele Erlebniswald, Titisee-Neustadt 25

8 Sind es Keltengräber? ///
   Steinhügelfelder, Titisee-Neustadt 27

9 Vom Gletscher ausgeschliffen ///
   Titisee, Titisee-Neustadt 29

10 Relikt aus vergangenen Zeiten ///
   Schalenstein, Titisee-Neustadt 31

11 Die neue Zeit ///
   Alte Werksuhr, Titisee-Neustadt 33

12 Vom Eisstadion zum Naturweiher ///
   Eisweiher, Titisee-Neustadt 35

13 Ort der Geschichte ///
   Öhlermühle, Jostal 37

14 Ein Heiliger für die Welschen ///
   Josenkapelle, Jostal 39

15 Baum der alten Mystik ///
   Wendelinus-Eiche, Langenordnach 41

16 Vom Uhrenhändler zum Wirt ///
   Hotel Sonne-Post, Waldau 43

17 Gehöft mit eigener Sage ///
   Gasthaus Ahorn, Schwärzenbach 45

18 Eine Seuche beendete den Feldzug ///
    Russenkreuz, Schwärzenbach 47
19 Zeugnis der Volksfrömmigkeit ///
    Dreifaltigkeitskapelle des Bärenhofs, Schollach 49
20 Die Erfindung des Skilifts ///
    Talstation beim Gasthof Schneckenhof, Schollach 51
21 Ausfahrt römische Raststation? ///
    Rotes Kreuz am Kolmen, Schwärzenbach 53
22 Heidnischer Kultplatz? ///
    Megalithanlage Kuckucksweiher, Hammereisenbach 55
23 Zerstört im Bauernkrieg ///
    Ruine Neufürstenberg, Hammereisenbach 57
24 Frühzeitliche Wallburg ///
    Krumpenschloss, Hammereisenbach 59
25 Ein rätselhafter Gedenkstein ///
    Scheibenkreuz, Rudenberg 61
26 Maria zu Ehren? ///
    Schillingskapelle, Friedenweiler 63
27 Erfrischender Geheimtipp ///
    Klosterweiher, Friedenweiler 65
28 Im Tal der heiligen Jungfrauen ///
    Ehemaliges Zisterzienserinnenkloster, Friedenweiler 67
29 Überfall im Wald ///
    Mörderkreuz im Klosterwald, Friedenweiler 69
30 Der Letzte seiner Zunft ///
    Rathaus mit Straub-Geigen, Rötenbach 71
31 Gelebte Gemeinschaft ///
    Dorfladen, Rötenbach 73
32 Vom Zentrum der Macht zum Badesee ///
    Kirnbergsee, Unterbränd 75
33 Überbleibsel eines Dorfes ///
    Weiler Kapelle, Dittishausen 77
34 Wundersame Rettung ///
    Wallfahrtskapelle Witterschneekreuz, Löffingen 79
35 Markenzeichen des Städtles ///
    Mailänder Tor, Löffingen 81

36 Versteck einer Kräuterfrau? ///
Nanteleloch in der Mauchachschlucht, Löffingen 83

37 Unberechenbare Naturgewalt ///
Teufels Loch in der Gauchachschlucht, Unadingen 85

38 Immer der Nase nach ///
Hochschwarzwälder Kaffeerösterei, Seppenhofen 87

39 Von unheimlichen Löchern ///
Rosshag-Doline, Göschweiler 89

40 Vom Wehrturm zum Kirchturm ///
St. Rochuskirche, Göschweiler 91

41 Kleine Schwester der Wutachschlucht ///
Haslachschlucht, Kappel 93

42 Steinreich ///
Geopark, Lenzkirch 95

43 Wasserkraft als Sinnbild ///
Brunnenschalen »Begegnung«, Lenzkirch 97

44 Zeitzeugen ///
Ruine Alt-Urach, Lenzkirch 99

45 Der Energieberg ///
Bildstein, Schluchsee 101

46 Vom Gletschersee zum Stausee ///
Der Schluchsee 103

47 Geschicklichkeit mit bäuerlichem Flair ///
Spass-Park Hochschwarzwald in Schluchsee 105

48 Freie Sicht bis zu den Alpen ///
Riesenbühlturm, Schluchsee 107

49 Das Dampfross schnauft ///
Museumsbahnhof Seebrugg, Schluchsee 109

50 Alemannische Fasnet ///
Fasnachtsmuseum Schloss-Narrenstuben, Bonndorf 111

51 Von der Quelle zum Bier ///
Badische Staatsbrauerei Rothaus, Grafenhausen 113

52 Gugge, Mache, Wunderfitze ///
Schwarzwaldhaus der Sinne, Grafenhausen 115

53 Wenn Geistwesen Gestalt annehmen ///
Holzschnitzerei Stiegeler, Grafenhausen 117

54   Die größte Kuppel nördlich der Alpen ///
      Dom, St. Blasien 119

55   Vom Glasbläserhof zur Filmkulisse ///
      Windberghof, St. Blasien 121

56   Stonehenge von Blasiwald ///
      Steinkreise, Eisenbreche 123

57   Bäuerliches Leben anno dazumal ///
      Holzschnefler- und Bauernmuseum Resenhof, Bernau 125

58   Heimatmaler ///
      Hans-Thoma-Kunstmuseum, Bernau-Innerlehen 127

59   Vom Bauernhof an die Kaiserhöfe Europas ///
      Winterhalter-Museum »Le Petit Salon«, Menzenschwand ... 129

60   Wild von Anfang an ///
      Menzenschwander Wasserfälle 131

61   Höchstgelegene Sumpflandschaft ///
      Hirschbäder Moor, Feldbergmassiv 133

62   Kanzel nach Osten ///
      Zweiseenblick, Feldberg 135

63   Insel über dem Nebelmeer ///
      Herzogenhorn, Bernau 137

64   Verteidigungslinie ///
      Schwedenschanze am Herzogenhorn, Bernau 139

65   Sturzbach mit Denkmalschutz ///
      Todtnauer Wasserfall 141

66   Geheimnisvolle Schriftzeichen ///
      Schatzstein, Todtnauberg 143

67   Ausblick bis ins Elsass ///
      Aussichtsplatz Radschert, Todtnauberg 145

68   Hinterm Berg ///
      St. Wilhelmer Hütte, Feldberg 147

69   Denkmal auf dem Höchsten ///
      Feldbergturm, Feldberg 149

70   Heimat des Dengelegeistes? ///
      Feldsee, Feldberg 151

71   Wurzeln und Früchte in edelster Form ///
      Schnapsmuseum im Café Zum gscheiten Beck, Bärental ... 153

72 Die höchstgelegene Destination ///
Bahnhof, Bärental 155

73 Versteckter Moorsee ///
Mathisleweiher, Hinterzarten 157

74 Wollgräser und Baumleichen ///
Hinterzartener Moor 159

75 Was klappert im Schwarzwälder Tal? ///
Jockeleshofmühle, Hinterzarten 161

76 Vom Sturm gebeugt ///
Wetterbuchen am Schauinsland 163

77 Manche Namen sprechen für sich ///
Café und Restaurant Die Bergstation, Oberried 165

78 Winterspaß der Superlative ///
Halde am Schauinsland 167

79 Tor des Schwarzwaldes ///
Hirschsprung im Höllental 169

80 Gebeine als Reliquie ///
St.-Oswald-Kapelle im Höllental 171

81 Mit 360 Grad kurvig nach oben ///
Kreuzfelsen im Höllental 173

82 Perle des Wissens ///
Rokokobibliothek des Klosters St. Peter 175

83 Ein Platz der Stille ///
Lindlehöhe, St. Peter 177

84 Man nehme; die Zeit ///
KlosterMuseum, St. Märgen 179

85 Heiligtum der Bäuerin ///
Steinbachhof mit Bauerngarten, St. Märgen 181

86 Wie ein Adlerhorst ///
Thomashütte, Kandel 183

87 Von Hexentanz und Teufelsfelsen ///
Großer Kandelfelsen, Waldkirch 185

88 Windreiche Hochfläche ///
Hochebene Platte, St. Peter 187

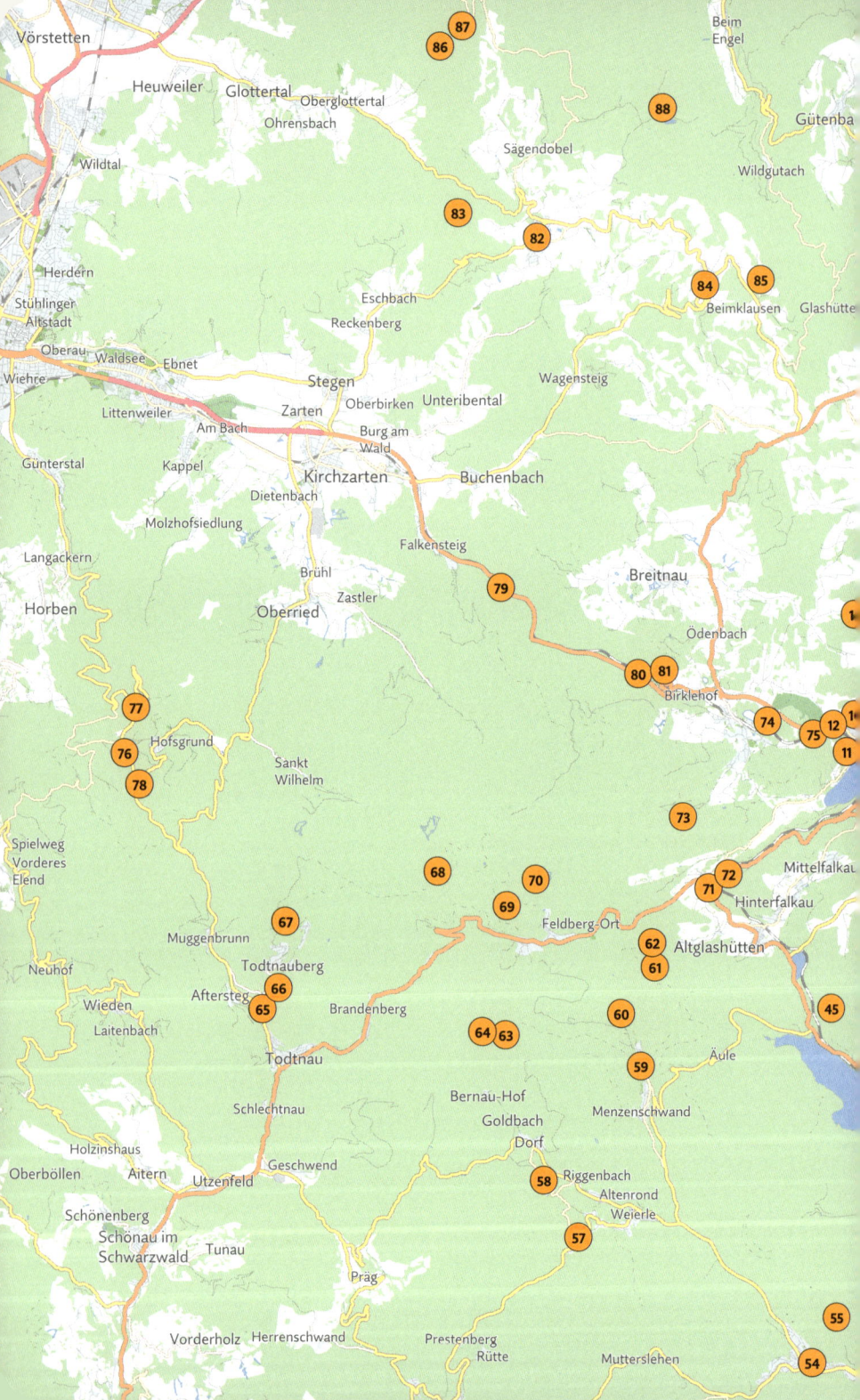

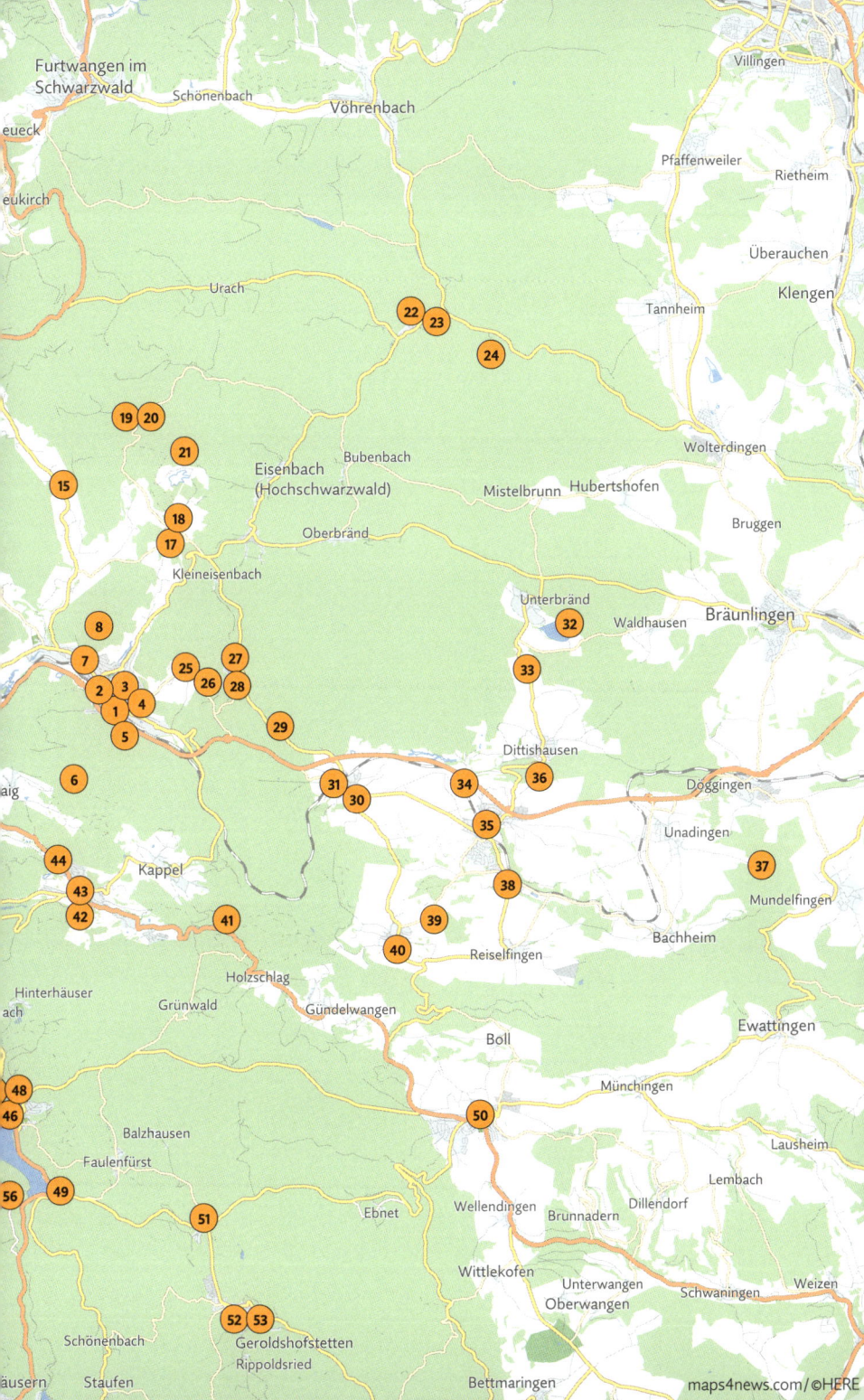

MÜNSTER ST. JAKOBUS /// BEI DER KIRCHE 2 ///
79822 TITISEE-NEUSTADT /// 0 76 51 / 59 30 ///

IM HERZEN DER STADT

Münster St. Jakobus, Titisee-Neustadt

Unübersehbar thront es auf dem Hügel der Stadt, das Münster St. Jakobus. Auf und um diese Erhebung gründete Heinrich Fürst zu Fürstenberg, der Nachkomme der Zähringertochter Agnes, im 13. Jahrhundert seine *neue* Stadt am Verbindungsweg Höllental/Villingen. Laut Urkunden gab es in Titisee-Neustadt bereits früh eine eigene Pfarrei. Doch mit dem Aufschwung durch die Uhrenindustrie und dem Bahnanschluss von 1887 wuchs die Bevölkerung sprunghaft an; die alte Kirche wurde zu klein. Das Ordinariat in Freiburg gab grünes Licht und überließ dem erzbischöflichen Baumeister Max Meckel die Planung. Architekt vor Ort war der Neustädter Johann Happle. Durch eine enorme Spendenbereitschaft seitens der Bevölkerung gelang das Projekt. Das neugotische Münster mit 1.200 Sitzplätzen entstand. Es ist die größte Kirche im Hochschwarzwald: 68 Meter beträgt sowohl die Höhe des Turms als auch die Länge des Gebäudes. Am Nikolaustag 1900 konnte der erste Gottesdienst gefeiert werden.

Nach dem Vorbild der Spätgotik wurden die Flügelaltäre zwischen 1903 und 1911 vom Freiburger Bildhauer Josef Dettlinger geschaffen. Im ehrenden Andenken hat jener Meister zwei Figuren unter die Heiligen gemogelt, die nicht dorthin gehören: Im Josefsaltar, ganz rechts, steht ein Mann mit Steinmetzmütze und Rauschebart, der das Kirchenmodell in der Hand hält. Es handelt sich hierbei um Baudirektor Meckel. Das Antlitz einer großzügigen Spenderin, Theresia Blessing, vermutet man im Porträt der Prophetin Hannah im unteren linken Flügel des Marienaltars. Wer findet die Heiligen in der Figurengruppe?

Die ursprünglich schönen Malereien an den Seitenwänden des Kirchenschiffs waren bei einer Renovierung überstrichen worden. In mühevoller Kleinarbeit hat man diese vor Jahren freigelegt, siehe links und rechts des Mittelschiffs.

✍ Einen kleinen Kirchenführer, herausgegeben von der Erzdiözese Freiburg, finden Sie beim Haupteingang. Er kann für einen geringen Unkostenbeitrag erworben werden.

SKULPTUR SCHWARZWÄLDER BEIM SCHUHHAUS JUNGKIND ///
SCHEUERLENSTRASSE 1 /// 79822 TITISEE-NEUSTADT ///
0 76 51 / 13 55 ///

IN STEIN GEHAUEN
Skulptur Schwarzwälder, Titisee-Neustadt

Ein provokantes Bildnis hat der Künstler Peter Lenk vom Bodensee mit seiner Skulptur *Schwarzwälder* geschaffen. Zu finden ist sie vor dem Eingang des Schuhhauses Jungkind gegenüber dem Neustädter Münster und gehört der Ladenbesitzerin Iris Voelter.

Nackt, grübelnd und seinen Bart kraulend hockt er da und harrt der Dinge, die da kommen. Oder nicht kommen. Einzig Sandalen trägt der Mann aus Stein. »Hauptsache, Schuhe«, steht auf dem Sockel, wenngleich diese Riemchenschuhe nicht die bevorzugte Fußbekleidung eines Einheimischen sind. Lenk hat ihn, den Zugeknöpften, nackig gemacht und zur Schau gestellt, als ob er den Einwohnern der Stadt einen Spiegel vorhalten wolle. Der Bildhauer ist bekannt für seinen scharfen Blick auf die Schattenseiten seiner Zeitgenossen. Anfangs wurden kritische Stimmen zu dem hässlichen Nackedei mitten in der Stadt laut. Fühlte man sich persönlich getroffen? Doch die Gemüter haben sich beruhigt, und die meisten begegnen ihm heute mit einem Schmunzeln. Haben die Menschen sich oder vielleicht ihren Nachbarn heimlich wiedererkannt, oder haben sie sich einfach an den komischen Kautz gewöhnt?

Was will Lenk dem Betrachter mit dieser Figur sagen? Beim genauen Hinsehen erkennt man ein verschmitztes, sympathisches Lächeln unter dem Bart. Was auf dem ansonsten kahlen Schädel auf den ersten Blick wie ein Zopf aussieht, entpuppt sich als Korken. Sein muskulöser Körper sitzt in entspannter, abwartender Haltung auf einem Granitblock. Er beobachtet uns! Wartet er darauf, dass man sich ihm zuwendet? Den Korken öffnet, um in sein Innerstes zu schauen? So, als würde man den Geist aus der Flasche rufen?

Während seine Nacktheit zum verschämten Hinschauen verleitet, bleibt sein Innerstes vorläufig unter Verschluss. Er lässt sich nicht gleich in die Seele schauen. Peter Lenk hat die Mentalität der Hochschwarzwälder in Stein gehauen.

✿ Nebenan beim Feinkost-Bistrot Villinger in der Hauptstraße 6, ein beliebter Treffpunkt im Städtle, entdecken wir eine zweite Skulptur, diesmal aus Holz: *Befruchtungen* von Simon Stiegeler.

DER EINGANG FÜHRT ZUM RESTAURANT IM EHEMALIGEN
KAPUZINERKLOSTER.

CAFÉ & RESTAURANT KLÖSTERLE /// KLÖSTERLE 3 ///
79822 TITISEE-NEUSTADT /// 0 76 51 / 93 49 28 ///
WWW.KLOESTERLE-RESTAURANT.DE ///

VOM ARMENHOSPIZ ZUM SPEISELOKAL

Café und Restaurant Klösterle, Titisee-Neustadt

Das gutgehende Restaurant Klösterle hat in besonderen Räumlichkeiten sein Zuhause gefunden: im ehemaligen Kapuzinerkloster in Neustadt. Es ist in einer Seitengasse hinter der Volksbank gelegen und verfügt über einen kleinen verwunschenen Garten, der durch ein Sandsteintor betreten wird. Über wenige Stufen erreicht man die Gasträume im Inneren des einstigen Ordenshauses. Die unaufdringliche, gelungene Dekoration gefällt. Das Restaurant punktet beim Essen mit Regionalität, Frische und Selbstgemachtem, der Gast wird liebevoll umsorgt. Nach wie vor speist man im ehemaligen Refektorium oder findet in den kleinen, offenen Nebenräumen Platz. Ein altes Wandgemälde aus der Zeit der Kapuziner konnte teilweise gerettet und restauriert werden. Von den Waschräumen aus fällt der Blick in den ehemaligen Klosterinnenhof.

Errichtet wurde das Gebäude von den ersten Kapuzinern auf dem Grund und Boden der Allgemeinheit, »Allmend« genannt, damals als Armenhospiz mit Kapelle. Das Fürstenhaus Fürstenberg unterstützte den Bettelorden mit jährlichen Almosen. Nach dem Dreißigjährigen Krieg, als das Leben sich normalisiert hatte, befanden sich in dem Haus eine Herberge für reisende Mönche und eine Armenspeisung. Wie die meisten anderen Klöster fiel der Orden schließlich 1802 der Säkularisation zum Opfer. Profitdenken hatte mit dem Sterben der Klöster Einzug gehalten und das Bauwerk verkam zum Spekulationsobjekt von Investoren. Sie gaben sich die Klinke in die Hand.

In den 80ern des letzten Jahrhunderts sollte das leer stehende Haus abgerissen werden. Kurzerhand wurde es über Nacht von ein paar jungen Leuten besetzt und nach zähen Verhandlungen von fünf Idealisten, darunter einer der Besetzer, gekauft und somit letztendlich gerettet.

🖎 Wer noch mehr über Neustadts Geschichte erfahren will, dem sei ein Stadtspaziergang mit der *Magd vom Bierhus*, der Gästeführerin Angelika Edlefsen, empfohlen. Kontakt über die Tourist-Information Hochschwarzwald.

DAS FULLBERGKREUZ LIEGT AUF EINER ANHÖHE DIREKT NEBEN DER
JUGENDHERBERGE /// RUDENBERG 6 /// 79822 TITISEE-NEUSTADT ///

WEITERE INFORMATIONEN ERHÄLTLICH BEI DER
TOURIST-INFORMATION TITISEE /// STRANDBADSTRASSE 4 ///
79822 TITISEE-NEUSTADT /// 0 76 52 / 1 20 60 ///

UNSEREN HELDEN
Fullbergkreuz, Titisee-Neustadt

Von Titisee her kommend, springt einem das Fullbergkreuz, Neustadts heimliches Wahrzeichen, vor allem nachts ins Auge. Es wirkt, als leuchte es den Heimkehrern den Weg.

Woran erinnert das Denkmal? Wer sich die Mühe macht, auf den Fullberg mit seinen 922 Metern zu steigen, wird nicht nur mit einem wunderbaren Blick über die Stadt belohnt, sondern findet die Lösung des Rätsels als Inschrift auf dem Sockel: »Unseren Helden draußen und daheim 1914–18«. Das Kreuz ist eines von zwei Kriegerdenkmälern der Stadt. Das zweite, ein Figurendenkmal vom Neustädter Bildhauer Heinrich Bauser gefertigt, steht auf dem alten Friedhof in der Stadtmitte gegenüber der Friedhofskapelle. Zehn Jahre nach dem Ende des Ersten Weltkriegs wurden die beiden Denkmäler erbaut und feierlich am selben Tag eingeweiht.

»'s Kritz«, wie es bei den Einheimischen genannt wird, ragt als Mahnmal über 15 Meter in den Himmel. Breitet seine Arme aus, als beschütze es die Stadt und deren Menschen, die ihm zu Füßen liegen. Es ist nur einen Katzensprung von der Jugendherberge entfernt und ein beliebter Ort, um stimmungsvolle Sonnenuntergänge zu erleben. Großen Zulauf erfährt das Kreuz außerdem am letzten Abend des Jahres. Vom Fullbergkreuz aus hat man den besten Überblick, will man Neustadt im Lichterregen der Silvesterraketen erstrahlen sehen.

Der Name »Fullberg« kommt von »Füllen«, was eine Abwandlung von »Fohlen« ist. Hier weideten einst die Jungtiere des Sennhofs, der auf der Südostseite unterhalb der Stadtkirche gestanden haben muss, wo sich heute das Münster befindet. Zu jener Zeit gab es am Dennenberg, wie der Hang gegenüber des Fullbergs heißt, noch keine Häuser, nur freie Felder. Die »Füllenzucht« war im Besitz der fürstenbergischen Grafen zu Stühlingen, den weltlichen Herren der Stadt. Heute erinnert nur noch der Name daran.

⚘ Bei der Jugendherberge die Ortsstraße überqueren und am Waldrand dem steilen Trampelpfad folgen, dann erreicht man nach circa 800 Metern die Max-Engelmann-Hütte mit Grillplatz und Alpenblick.

GROSSE HOCHFIRSTSCHANZE /// SCHÜTZENSTRASSE 100 ///
79822 TITISEE-NEUSTADT ///

WEITERE INFORMATIONEN ERHÄLTLICH BEI DER
TOURIST-INFORMATION TITISEE /// STRANDBADSTRASSE 4 ///
79822 TITISEE-NEUSTADT /// 0 76 52 / 1 20 60 ///

WEITENJÄGER

Große Hochfirstschanze, Titisee-Neustadt

In kalten Winternächten lässt sich über dem Neustädter Schmieds-
bachtal am Hochfirst gelegentlich eine helle Beleuchtung ausmachen,
zeitgleich ist ein unterschwelliges Brummen zu hören. Nein, hier tanzen keine Waldgeister um den Hexenkessel! Die Neustädter wissen: Es
ist so weit, die Schanze wird hergerichtet. Draußen herrschen die nöti-
gen Minustemperaturen, um zur Sicherheit Kunstschnee herzustellen,
denn in Zeiten des Klimawandels fällt nicht immer genügend Naturschnee. Während die Masse am Hang verteilt wird, hängt »Mathilde«,
wie die Neustädter das Spurgerät liebevoll nennen, an langen Stahl-
kabeln und fräst die Anlaufspur in Form. Titisee-Neustadt richtet seit
einigen Jahren den Skisprungweltcup und das Continental-Cup-Ski-
springen aus. Ein freiwilliger Trupp, das Schanzenteam, organisiert
alljährlich diese Events. Die vielseitigen Arbeiten gehen Hand in
Hand, man ist aufeinander eingespielt.

Eine Misere war es, als an den festgelegten Skisprungterminen
2002 und 2003 der Naturschnee fehlte. Beim Blick über die Landes-
grenzen zeigte sich, dass die Finnen den Schnee »übersommern«. Die
Idee fand im Schwarzwald Anklang. Verpackt unter Sägespänen und
Dämmmatten liegt der Verlust in dieser Höhenlage nun bei einem
verschmerzbaren Drittel. Sollte es bis zu den Weihnachtsfeiertagen
nicht geschneit haben, kann (seither) auch Abhilfe geschaffen werden,
um die Schlitten, die das Christkind gebracht hat, auszuprobieren.

Mit dem Alpenmusical *Watzmann*, dem Operettenklassi-
ker *Schwarzwaldmädel*, Lichtershows und Konzerten erwacht im
Auslauf der Schanze jährlich im Juli die kulturelle Seite der Anlage.
Sportlich ins rechte Licht rücken der Bergsprint, die Internationale
Mountainbike-Bundesliga und das Dreckeimerrennen, ein Gaudi-
Rennspektakel, Deutschlands größte Naturschanze in der schneefrei-
en Zeit.

✍ Wem der steile Aufstieg zum Schanzentisch zu anstrengend ist,
   der kann über einen bequemen Waldweg dorthin gelangen, er
   beginnt neben dem Schützenhaus in der Schützenstraße 22.

ZUM VÖGELEFELSEN IN 79822 TITISEE-NEUSTADT AB DEM BERGGASTHAUS
CIRCA 1,4 KILOMETER DEM WEG RICHTUNG SAIG/KAPPEL FOLGEN.

BERGGASTHAUS HOCHFIRST /// AUF DEM HOCHFIRST 10 ///
79822 TITISEE-NEUSTADT /// 0 76 51 / 75 75 ///
WWW.BERGGASTHAUSHOCHFIRST.DE ///

KRAFTORT

Vögelefelsen, Titisee-Neustadt

6

Ein Ort der Stille und Erholung, ein Kraftort, mitten in der Natur. Ein solch besonderer Platz sei hier vorgestellt: der Vögelefelsen am Hochfirstmassiv.

Unsere vorchristlichen Ahnen suchten Orte wie diesen zu Kulthandlungen auf. Sie versprachen sich davon göttliche Inspiration und Heilung. Es sind die besonderen Felsformationen, Quellen und Bergkuppen dieser Plätze, denen man geoenergetische Kräfte zuspricht. In den Landkarten sind sie zu finden unter mystischen Bezeichnungen wie Heiden-, Geister-, Teufelsstein und Ähnlichem. Der Vögelefelsen, bestehend aus zwei Blöcken, soll ein Heilort für Rheuma und Ischiasleiden sein. Ein kleines Loch im Fels führt angeblich ins Feenreich.

An diesem Ort herrscht kein Trubel – denn niemand kommt hier zufällig vorbei –, nur die Stille des Waldes. Wer sich auf den Weg in dieses Idyll machen möchte, der folgt der schmalen Straße vom Bahnhof Neustadt, die über den Gleisen beginnt und zum Berggasthaus Hochfirst führt. Zu Fuß gelangt man auf diesem Sträßchen ab der Abzweigung Saigerkreuz über Waldwege hinauf. Vom Gasthaus aus bleibt man auf dem Höhenkamm Richtung Saig/Kappel, von wo nach etwa 1,4 Kilometern ein Trampelpfad rechts ab geht. Der Fels ist ab dort ausgeschildert und nur noch wenige Meter entfernt.

Der Hochfirst, auf dem der Vögelefelsen sich befindet, gilt als Hausberg Titisee-Neustadts und besteht aus Granitgestein. Geologisch gesehen ist er eine Kippscholle, die beim Aufstieg des Feldbergs vor einigen Millionen Jahren verkippte und in ihrer heutigen Position hängen blieb. Die verwitterten Gesteinsblöcke des Vögelefelsens gleichen aufeinandergeschichteten Säcken, was man in Fachkreisen eine Wollsackverwitterung nennt. Allein auf den Felsen zu sitzen und der Natur zu lauschen ist einen Besuch wert.

✍ Im Berggasthaus Hochfirst, Auf dem Hochfirst 10, erhalten Sie ein zünftiges Vesper sowie Eintrittskarten für den nebenstehenden Turm. Von oben bietet sich ein herrlicher Blick – nicht nur auf den Titisee.

TREFFPUNKT FÜR JUNG UND ALT
Felsele Erlebniswald, Titisee-Neustadt

Wie es die alemannische Verniedlichung schon ausdrückt, ist das Felsele ein kleinerer Felsen. Früher befand sich hier nur eine Lichtung mit Hütte und besagter Felswand gegenüber dem Altenheim St. Raphael in Neustadt.

Mithilfe einer Bürgerinitiative und Unterstützung von der Stadt sowie dem Naturpark Südschwarzwald entstand ab 2008 auf einer Länge von circa 600 Metern eine Erlebniswelt. Sie zieht sich den teils bewaldeten Hang entlang bis zum Schottengrund, wie das Gelände nahe des Schottenhofs auf der anderen Seite des Bergs heißt, und umfasst mehrere Stationen. Den Anfang macht ein Kletterfelsen, an dem auch Kurse gegeben werden und Ferienangebote stattfinden. Im Zickzackkurs windet sich der Erholungssuchende bergauf und wird an jeder Biegung mit einer Lebensweisheit belohnt, die auf einer Tafel angebracht ist. Dieser »Literaturpfad« endet am Hubertusteich, bei dem man auf einer Himmelsliege dösend dem Wind zusehen kann, wie er die Fichtenwipfel bewegt. Bunt bemalte Stelen im Wald und ein Brunnen nahe dem Weiher ziehen Kinder magisch an, sie tauchen in eine Märchenwelt ein und der für sie sonst oft öde Spaziergang wird zum Erlebnis. Über einen breiten Waldweg gelangt man hinunter zum Erlebnisspielplatz. Eingebettet zwischen Gesteinsbrocken finden die Kleineren hier alles, was ein Abenteurerherz höherschlagen lässt, und auch die Älteren kommen mit Wassertretstelle und Grillplatz auf ihre Kosten.

Körperlich Eingeschränkte und Kinderwagenfahrer, für die der Waldweg nicht gangbar ist, wandeln entlang einer kleinen Teerstraße von der Wohnanlage Hangenwies, gegenüber dem Seniorenheim, zum Schottengrund. Auf halber Strecke lockt eine beschattete Sitzgruppe mit Aufstehhilfe für die ältere Generation. In der Erlebniswelt am Felsele lässt sich ein ganzer Ferientag verbringen.

🖉 Von der Wassertretstelle führt ein kleiner geteerter Weg über drei Kilometer Länge zum *Schwarzwaldgasthof-Hotel Zum Löwen Unteres Wirtshaus* in Langenordnach. Ideal für Kinderräder und -wagen.

DIE STEINHÜGELFELDER VON 79822 TITISEE-NEUSTADT SIND NAHE DEM
FUNKMASTEN AUF DER ANHÖHE FEHRN GELEGEN, DEM WANDERWEG
»FEHRN« IM GEBIET SCHOTTENGRUND/NEUSTADT
(FELSELE ERLEBNISWALD) CIRCA ZWEI KILOMETER BERGWÄRTS FOLGEN.

WEITERE INFORMATIONEN ERHÄLTLICH BEI DER
TOURIST-INFORMATION TITISEE /// STRANDBADSTRASSE 4 ///
79822 TITISEE-NEUSTADT /// 0 76 52 / 1 20 60 ///

SIND ES KELTENGRÄBER?

Steinhügelfelder, Titisee-Neustadt

Überall im Wald um Titisee-Neustadt und in der näheren Umgebung sind sie zu finden, jene merkwürdigen, überwucherten Steinhügel. Auf den ersten Blick bemerkt man sie kaum, der Boden wirkt lediglich uneben. Bei genauerer Betrachtung erkennt man, dass sie von Menschenhand angelegt, Stein für Stein aufgeschichtet worden sind. Welches Geheimnis bergen sie? Eine mystische Stimmung überkommt den Besucher inmitten des verwunschen wirkenden Waldes, die Stille des Ortes verstärkt dieses Gefühl noch.

Die Steinhügel liegen knapp unterhalb der Kammlage einer Bergkuppe, mit Blick ins Tal. Allein auf städtischer Gemarkung wurden 1.300 katalogisiert und der Urnengräberkultur der Bronzezeit zugeordnet. Man spricht von einer Zeitspanne zwischen 1700–1250 v. Chr. Die Hügel stehen unter Denkmalschutz.

Im Spätsommer 2015 wurden erstmals Ausgrabungen an der Fehrn, der Erhebung zwischen Schottengrund und Schwärzenbach, vorgenommen. Die geschichtsinteressierten Einheimischen und die örtliche Presse verfolgten das Geschehen mit Spannung. Die Forscher mutmaßten im Vorfeld, dass sie nicht auf Knochen oder Grabbeigaben stoßen würden, weil diese im sauren Boden des Schwarzwaldes nicht überdauern könnten.

Nach sechs Wochen waren drei Hügel Stein für Stein abgetragen worden. Was hatten die Archäologen gefunden? Scherben aus dem 14. Jahrhundert und Kohlereste. Von Feuerbestattungen? Nein, die Ausgrabenden vermuten Rodungsarbeiten im Mittelalter. Also Lesesteinhaufen, um Felder zu ebnen, keine Keltengräber? Ich war enttäuscht. Jein, es wäre denkbar, dass Bauern den auf ihren Feldern gefundenen Unrat auf bereits vorhandenen Steinhaufen aus der Frühzeit der Kelten abluden, so der Tenor der Historiker.

Der Mythos unserer Vorfahren bleibt uns erhalten.

✑ Wer sich in die Zeit der Kelten im Schwarzwald versetzen will, dem sei das Buch *Magisch-Mystisch-Megalithisch* von Dr. Roland Weis mit Bildern von Ramesh Amruth empfohlen.

BLICK AUF DEN TITISEE VOM HOCHFIRST AUS

PARKPLÄTZE (MIT KOSTENLOSEM WC) FINDEN SICH IN DER
NEUSTÄDTERSTRASSE GEGENÜBER DEM BAHNHOF. VON DORT FÜHRT EIN
SIEBENMINÜTIGER FUSSWEG UNTER DER BAHNBRÜCKE DURCH DIREKT
ZUR SEEPROMENADE AM TITISEE VON 79822 TITISEE-NEUSTADT.

WEITERE INFORMATIONEN ERHÄLTLICH BEI DER
TOURIST-INFORMATION TITISEE /// STRANDBADSTRASSE 4 ///
79822 TITISEE-NEUSTADT /// 0 76 52 / 1 20 60 ///

VOM GLETSCHER AUSGESCHLIFFEN

Titisee, Titisee-Neustadt

Die meisten Titisee-Besucher schlendern zuerst über die Promenade; auf einer Seite den See, auf der anderen Geschäfte, Gaststätten und Hotels, ehe sie sich zum Kauf von Souvenirs entscheiden. Die Straße hat daher unter den Einheimischen den Beinamen »Goldküste«.

Sollten Sie am Ufer des rund 1,3 Quadratkilometer großen Sees verweilen und ein Eis genießen, versetzen Sie sich gedanklich 10.000 Jahre zurück. Zu der Zeit lag eine 400 Meter dicke Eisschicht über dem Ort. Das ist grob geschätzt die Länge der Seepromenadenstraße, steil nach oben. 20.000 Jahre lang hauchte der Feldberggletscher seinen eisigen Atem über das, was wir heute Hochschwarzwald nennen. Zehnmal länger als der Nullpunkt unserer Zeitrechnung zurückliegt!

Langsam erwärmte sich das Klima. Die Gletscher schmolzen ab, nicht gleichmäßig, sondern in Schüben. Ursprünglich reichte die Eiszunge bis weit nach Neustadt rein und endete dort, wo heute die Gutachtalbrücke steht. Ein Gletscher wächst von oben und schiebt sich in die Täler, wobei er den Boden schleift und Geröll mitführt. Er ist stetig in Bewegung. Wird es wärmer, schiebt der Gletscher nicht mehr, weil von oben kein Eis mehr nachdrückt. Er kommt zum Stillstand. Das Geröll bleibt liegen und bildet eine Art Damm, die »Endmoräne«. Schreitet die Erwärmung fort, zieht sich der Gletscher zurück. Schmelzwasser fließt talabwärts, bis es sich an der nächsten Moräne aufstaut. Geschehen am Titisee, er ist ein Überrest der Eiszeit, ein Gletschersee.

Ein anderes Relikt aus der Eiszeit, das Stachelsporige Brachsenkraut der Bärlappfamilie, kommt in Mitteleuropa nur im Titisee und Feldsee vor. Um es vor dem Bade- und Bootbetrieb zu schützen, wird es in Ufernähe mit Pflanzengittern abgedeckt.

Zurück in der Gegenwart lockt nach dem Eisgenuss ein Bad im See oder eine Runde mit dem Tretboot darauf.

⌁   Wollen Sie dem Trubel entfliehen und den See in Ruhe genießen, folgen Sie dem Spazierweg hinter dem Maritim Hotel (Seestraße 16). Zwischen Wald und See finden sich einsamere Ruheplätze.

DER SCHALENSTEIN IST IN DER VERLÄNGERUNG DES FUCHSWEGS AB
DEM FRIEDHOF (ECKE NEUSTÄDTERSTRASSE/B31) RICHTUNG HIRSCHBÜHL
IN 79822 TITISEE-NEUSTADT GELEGEN UND IN 15 MINUTEN ZU FUSS ZU
ERREICHEN.

WEITERE INFORMATIONEN ERHÄLTLICH BEI DER
TOURIST-INFORMATION TITISEE /// STRANDBADSTRASSE 4 ///
79822 TITISEE-NEUSTADT /// 0 76 52 / 1 20 60 /// (S. OBEN) ///

RELIKT AUS VERGANGENEN ZEITEN
Schalenstein, Titisee-Neustadt

Am Hirschbühl in Titisee, einer Erhebung zwischen B31 und dem Ort Titisee, stoßen wir auf einen erneuten Hinweis für eine frühgeschichtliche Kultur; ein Schalenstein liegt unbeachtet abseits im Gestrüpp. Ein Teil des Steins scheint abgebrochen, schaut man näher, sieht man eine punktartig eingeschlagene Linie von Sprenglöchern. Laut Aussagen von Historikern handelt es sich dabei um das Ergebnis einer mittelalterlichen Sprengtechnik. In die Bohrlöcher wurden Holzpflöcke getrieben, die unter Einwirkung von Wasser aufquollen und schließlich den Felsblock entlang der Linie sprengten. Was nicht vollständig gelang, wie man an verbliebenen Lochlinien sieht. Ein Drittel des Steins liegt am Boden, ohne dass ihn jemand mitgenommen, also gebraucht, hätte. Das erweckt den Anschein der Zerstörung. Warum? Wollte man einen vorchristlichen Kult ausmerzen?

Oben auf dem Stein erkennt man eine schalenartige Vertiefung, und nicht nur das, unter den Moosgeflechten führt seitlich eine Ablaufrinne weg. Kein Zufall, andere bekannte Schalensteine weisen diese Eigenart ebenfalls auf. Ein Opferstein? Auffallend, dass im oberen Bereich des Hirschbühls Steinhügelfelder zu finden sind. Stammt der Schalenstein aus der Steinzeit? Nutzten ihn später die Kelten? Wir wissen es nicht, es gibt keine Überlieferungen.

Und wie findet man den Stein? Man muss ihn suchen, er offenbart sich nicht jedem. Folgen Sie vom Friedhof Titisee dem Fuchsweg zwischen Wohngebiet und Waldrand. Das Teersträßchen geht in einen Sandweg über und teilt sich mit Beginn des Waldes. Unter den vier Möglichkeiten wählen Sie die linke den Berg hoch. Kurz vor der Anhöhe gabelt der Weg sich nochmals, nehmen Sie den rechten bemoosten Pfad. Nach 150 Metern sehen Sie den Schalenstein schließlich auf der rechten Seite.

🗺 Gegenüber dem Bahnhof Titisee wartet im *Action Forest Kletterwald* (www.action-forest-kletterwald.de) ein luftiges Erlebnis auf abenteuerlustige Eroberer der Baumkronen.

DIE NEUE ZEIT

Wer das Kurhaus in Titisee aufsucht, dem sticht eine sonderbare Uhr ins Auge – vorausgesetzt er hebt den Blick. Sie ist in ein Dreieck gefasst, das Zifferblatt mit römischen Zahlen versehen. Beachten wir die Ziffer vier! Wie alle Schwarzwälder Uhren weist auch sie die typische Abweichung auf: Sie zeigt vier Striche statt der römischen IV. Ob dies auf einen alten Übertragungsfehler zurückzuführen ist oder gar eine Eigenheit der Marke Schwarzwald darstellt, entzieht sich meiner Kenntnis. Diese Besonderheit findet sich jedenfalls auf allen alten Uhren, weshalb man an dieser Eigenart erkennen kann, ob es sich um ein Schwarzwälder Original handeln könnte.

Geschmückt ist die einstige Werksuhr mit Ornamenten. Ein modernes Designerteil nach altem Vorbild? Nein, es handelt sich um ein industrielles Erbe, um die Alte Werksuhr der ersten Neustädter Uhrenfabrik *Fürderer, Jägler und Cie.* Ein Unikat, das Zifferblatt rein aus Messing gefertigt. Die Fabrik, gegründet im Jahre 1865 in Neustadt, schrieb bald rote Zahlen. Uhrengeschäfte liefen nicht mehr. Zwei Gesellschafter der nebenstehenden Papierfabrik kauften das Werk auf und ließen dort fortan Holzschrauben produzieren, später Metallschrauben für die Automobilindustrie. Bis in die 90er-Jahre des letzten Jahrhunderts war die Fabrik Arbeitgeber für 200 Werkstätige, zum Schluss waren es noch 75. Schließlich mussten die Inhaber Konkurs anmelden. Die Geschichte der Firma, mit der die Uhr untrennbar verbunden ist, kann im Innern des Kurhauses nachgelesen werden.

Nach dem Abbruch der alten Hallen galt die Uhr als verschollen, wurde jedoch offenkundig wiedergefunden, auf einem Flohmarkt, und restauriert. Auf dem Prägestempel findet sich das Jahr 1869, der Zeitpunkt der Fertigung der Betriebsuhr. Heute wacht sie über das quirlige Leben auf Titisees Touristenmeile.

✍ Die Zeit steht nicht still, neue Betriebe schaffen neue Angebote – wie zum Beispiel das Badeparadies Schwarzwald, eine Spaß- und Wohlfühloase für Touristen wie Einheimische.

UM DEN EISWEIHER AM TITISEE ZU ERREICHEN, IM BRUGGERWALD
DEM WEG ENTLANG DES SÄGEBACHES FOLGEN UND BEI DER
WEGGABELUNG RECHTS ABBIEGEN, 79822 TITISEE-NEUSTADT.

WEITERE INFORMATIONEN ERHÄLTLICH BEI DER TOURIST-INFORMATION
TITISEE /// STRANDBADSTRASSE 4 /// 79822 TITISEE-NEUSTADT ///
0 76 52 / 1 20 60 ///

VOM EISSTADION ZUM NATURWEIHER

Eisweiher, Titisee-Neustadt

Versteckt im Bruggerwald am Titisee gibt es einen weiteren kleinen See. Er ist in wenigen Minuten zu Fuß vom Parkplatz der Badestelle Titisee zu erreichen. Kaum taucht man in den mystisch anmutenden Wald ein und folgt dem Sägebächlein, kündigt er sich durch einen kühlen Luftzug an. Der Eisweiher macht seinem Namen alle Ehre. Er ist bis heute das am längsten zugefrorene Gewässer in der näheren Umgebung. Dieser Umstand verhalf ihm Anfang des 20. Jahrhunderts zu besonderem Ruhm. Hier war das erste deutsche Eisstadion, eine Natureisbahn auf 949 Metern über dem Meeresspiegel. Am 17. Januar 1926 wurde die Sportanlage von seiner Durchlaucht Max Egon Fürst zu Fürstenberg aus Donaueschingen eingeweiht. Noch im selben Winter fanden die deutschen Meisterschaften in den Disziplinen Eisschnelllauf, Eishockey und Eisstockschießen statt. Der deutsche Eiskunstlaufmeister und Vizeweltmeister, Werner Rittberger, war mit von der Partie.

Zuvor diente das Gewässer weit über 100 Jahre lang dem 1935 abgebrannten Bärenhof als Sägeweiher. Sein Wasser speiste die älteste Klopfsäge auf der Gemarkung Titisee, sie stammte aus dem Jahr 1798. Dagegen war die Zeit als Eisstadion relativ kurz, denn schon 1945 wurde die Anlage als solche geschlossen. Der Weiher fand eine erneute Verwendung; er wurde als Eiskammer der Brauerei Ganter genutzt. Bis zur deren Schließung kühlte das Eis das Bier der Seemer, wie sich die Anwohner des Titisees selbst bezeichnen. Heute liegt der Weiher in einem Naturschutzgebiet. Wanderwege führen vorbei und laden die Besucher zur Ruhepause ein. Dabei kann die einheimische Pflanzen- und Tierwelt beobachtet werden. Mit etwas Glück sieht man sogar einen Bieber. Die Nager bauen hier Burgen und ziehen ihre Jungen groß, weshalb man Hunde unbedingt anleinen sollte.

🕊 Ein besonderes Erlebnis; die Falknerei Ruchlak lädt freitags nachmittags zur Flugvorführung ihrer Greifvögel auf der Eisweiherwiese ein, www.falknerei-ruchlak.de.

ORT DER GESCHICHTE
Öhlermühle, Jostal

(13)

In der Öhlermühle im Schildwendetal scheint die Zeit stehen geblieben zu sein. Das Nebental des Jostals soll seinen Namen erhalten haben, da ein Kutscher am Talende sein Schild, gemeint ist damit die Front des Gefährts, wenden musste, weil der Weg nicht weiter befahrbar war.

Die Mühle ist ein wahres Kleinod Schwarzwälder Kulturgeschichte und liegt auf 1.000 Metern. 1772 erstmals urkundlich erwähnt, war sie bis 1934 ohne Strom in Betrieb. Nach der Elektrifizierung wurde sie sich selbst überlassen. Seit 1988 steht die Mühle unter Denkmalschutz. In mühevoller Kleinarbeit versetzte August Fürderer vom nebenstehenden Hof sie in den Urzustand und bietet seither Führungen auf Anfrage an.

Wie der Name schon sagt, wurde in der Mühle nicht nur Korn gemahlen; ihr Herzstück ist eine Ölpresse für Lein. Die Flachsfaser fand ihren zweiten Nutzen in der Weiterverarbeitung zu Stoff. Gut betucht war, wer sich Leinen leisten konnte. Baumwolle gab es hierzulande zur Gründerzeit der Mühle noch nicht.

Eine neue Bedeutung hat die Mühle als Bühnenkulisse erhalten. Die dortigen *Jostäler Freilichtspiele* sind über die Grenzen des Hochschwarzwaldes hinaus bekannt. In den historisch ausgerichteten Stücken wird die Schwarzwaldgeschichte samt Dialekt lebendig. Die Mitglieder des Männergesangvereins Eckbach-Jostal, die die Festspiele veranstalten, erweisen sich nicht nur als Sänger, sie sind gleichfalls Schauspieltalente und Kulissenbauer. Der Aufwand ist immens, darum finden die Spiele nur rund alle drei Jahre statt.

Am besten Sie parken bei Ihrem Besuch der Öhlermühle das Auto einen Kilometer vorher auf dem Parkplatz nach der Abzweigung Schildwende von Neustadt kommend, da bei der Mühle keine ebene Fläche zur Verfügung steht.

✍ Statt mit dem Auto anzureisen, kann man mit dem Zäpfle Bähnle von Titisee aus eine Rundfahrt durch die Täler unternehmen. Der Ausstieg ist möglich an der Fürsatzhöhe, mehrere hundert Meter oberhalb der Mühle.

37

JOSENKAPELLE /// JOSTALSTRASSE 90, BEIM APPARTEMENT-HAUS TANNZAPFENLAND /// 79822 TITISEE-NEUSTADT / JOSTAL ///

WEITERE INFORMATIONEN ERHÄLTLICH BEI DER TOURIST-INFORMATION TITISEE /// STRANDBADSTRASSE 4 /// 79822 TITISEE-NEUSTADT /// 0 76 52 / 1 20 60 ///

EIN HEILIGER FÜR DIE WELSCHEN

Josenkapelle, Jostal

Mitten im länglich gezogenen Jostal, versteckt hinter dem Gasthof Tannzapfenland, steht eine Kapelle. Sie scheint von der Welt vergessen, dementsprechend auch das Wissen um ihre Bedeutung. Dabei ist das Gotteshaus ein geschichtsträchtiger Ort, es birgt das Geheimnis vom Aufeinandertreffen uralter Kulturen. Es wird nicht mehr zu Gottesdiensten genutzt, vielleicht wegen der versteckten Lage. Dabei hat man von der Kapelle aus einen wunderschönen Blick ins Tal, eine Ruhebank lädt bei einer Wanderung zur Mußestunde ein.

Der ursprüngliche Name des Jostals lautete »Welschenordnach«. Wie im Nebental Langenordnach gab das von Norden kommende Wasser – das keltische Wort dafür heißt »Ach« – dem Tal seinen Namen. Und »Welsche« sind Fremde. Wie? Leben im Tal keine Schwarzwälder? Im Gegenteil, die Nachfahren der Urschwarzwälder sind im Jostal zu Hause. Neusiedler, die im Mittelalter durch die Klöster St. Peter, St. Märgen und Friedenweiler angeworben wurden, um zu roden, kamen aus allen Himmelsrichtungen und trafen hier zusammen. Die Welschen waren in den Augen der Neuankömmlinge keine anderen als die alteingesessene keltisch-römische Urbevölkerung. Der Hochschwarzwald war nicht menschenleer, als die Klöster ihn kultivierten, nur dünn besiedelt. Sie christianisierten das Heidental letztlich.

Seinen heutigen Namen erhielt das Tal durch den heiligen Jodokus (auch Jost genannt), ein Einsiedler mit adliger Abstammung, der in dieser Einöde verehrt wurde. Er lebte im 7. Jahrhundert im jetzigen Nordfrankreich und gründete dort das benediktinische Kloster St.-Josse-sur-mer. Vermutlich waren es Pilger auf dem Jakobusweg, die die Legende von ihm ins Tal brachten. Bis ins 19. Jahrhundert schenkte man in diesem Kirchlein den Johanneswein zum Schutz gegen böse (alte) Mächte aus.

☞ Binden Sie das Gotteshaus in eine Rundwanderung ein. Bei allen Tourist-Infos gibt es zum Selbstkostenpreis einen Kapellenführer mit wunderschönen und gut beschriebenen Touren.

Wendelinus Eiche
Alter: ca. 650 Jahre
Höchstgewachte älteste
Eiche Deutschlands

DIE WENDELINUS-EICHE STEHT AN DER ORTSSTRASSE VON
79822 TITISEE-NEUSTADT / LANGENORDNACH NACH DEM HAUS
ROMBACH NUMMER 14A UND IST VON DER WENDELINUS-KAPELLE AUS IN
FÜNF MINUTEN ZU FUSS ZU ERREICHEN.

WEITERE INFORMATIONEN ERHÄLTLICH BEI DER
TOURIST-INFORMATION TITISEE /// STRANDBADSTRASSE 4 ///
79822 TITISEE-NEUSTADT /// 0 76 52 / 1 20 60 ///

BAUM DER ALTEN MYSTIK
Wendelinus-Eiche, Langenordnach

Am 27. Dezember 1111 wird ein wichtiger Grenzpunkt im Rotulus Sanpetrinus, der wichtigsten Schriftrolle des Klosters St. Peter, beschrieben: das »Vallem Nordera«-Tal mit nördlichem Zufluss (zur Gutach). Es ist sozusagen die erste urkundliche Erwähnung des heutigen Langenordnachtals. Aus dieser Zeit könnte ein besonderer Baum stammen: die Wendelinus-Eiche. Man findet sie unweit der gleichnamigen Kapelle knapp über der Ortsstraße.

Sie steht auf 900 Metern und ist die höchstgelegene alte Eiche Deutschlands. Der Baum misst zweieinhalb Meter im Umfang und zehn Meter in der Höhe. An seinem Fuß steht seit Jahren eine Tafel, die ihn als etwa 850-jährig ausweist. Manche Experten schätzen die Eiche älter, andere bescheinigen ihr nur circa 400 Jahre. Weil ihr Stamm gespalten und hohl ist, kann ihr Alter nur schwer berechnet werden. Außerdem gibt es keinen Vergleichsbaum in dieser Höhenlage, von dem sich das Wachstum pro Jahr ableiten ließe. Auch die Jahresringe können nicht herangezogen werden, denn sie würden erst mit dem Fällen der Eiche sichtbar werden. Demnach wird sie ihr wahres Alter noch lange Zeit für sich behalten.

Eine Bank nahe des Baums lädt zum Ausruhen ein. Gönnen wir uns einen Moment und erspüren die Weisheit der alten Eiche, die bei unseren Urahnen als heilig galt. Wer eine Eiche fällte, musste mit der Todesstrafe rechnen. Das keltische Wort für »Eiche« lautet »Druide«, genauso hießen auch die Priester der Kelten, die ohne Eichenlaub keine kultischen Handlungen vornehmen konnten. Die Bedeutung des Baums spiegelt sich im Eichenkranz, der ein Symbol für Macht und Stärke ist. Auch heute noch wachen die Kelten über »unsere« Eiche, denn gemäß ihrem Namen steht sie unter dem Schutz des St. Wendelinus, ein Heiliger mit keltisch-irischen Wurzeln.

✍ Es lohnt, einen Blick in die moderne, gleichnamige Kapelle zu werfen, an der Ortsstraße von Langenordnach gelegen. Fällt das Morgenlicht auf die bunten Glasfenster, entsteht ein schönes Farbenspiel.

POSTHORN UND SONNE ZIEREN DIE FASSADE DES
HOTEL SONNE-POST /// LANDSTRASSE 13 ///
79822 TITISEE-NEUSTADT / WALDAU /// 0 76 69 / 9 10 20 ///
WWW.SONNE-POST.DE ///

HOTEL ZUR TRAUBE /// SOMMERBERGWEG 1 ///
79822 TITISEE-NEUSTADT / WALDAU /// 0 76 69 / 22 90 ///
WWW.TRAUBE-WALDAU.DE ///

VOM UHRENHÄNDLER ZUM WIRT

Hotel Sonne-Post, Waldau

In der Ortsmitte von Waldau steht das Hotel und Gasthaus Sonne-Post. Es ist wegen seiner guten heimischen Küche beliebt. Althergebrachtes aus Großmutters Küche, regionale und saisonale Speisen findet man hier genauso wie ein schmackhaftes Bauernvesper. Beim Pfifferlingsgericht oder bei Wild aus den umliegenden Wäldern geht die Liebe zum Schwarzwald im wahrsten Sinne des Wortes durch den Magen. Ein Haus mit Tradition, das bemerkt der Besucher, sobald er die gute Stube betritt. Wandmalereien spiegeln das Leben der Schwarzwälder. Ein Uhrenhändler und ein Glasträger stehen mit ihren Rückentragen, »Krätzen« genannt, beieinander, eine lustige Cego-Runde wirft leidenschaftlich mit den Karten um sich, es wird getanzt und gelacht und mit der Postkutsche gefahren. Schwarzwälder Uhren sind im ganzen Haus allgegenwärtig. Neben dem heimeligen Gastraum lädt die sonnige Terrasse zum Verweilen ein. Egal, wo man es sich gemütlich macht, dem Gast bietet sich immer ein schöner Blick auf das langgezogene Schwarzwaldtal von Waldau. Selbst der Kinderspielplatz unterhalb des Hotels liegt idyllisch.

Der Urahne der Familie und Gründer des Hauses, Stefan Wehrle, muss ein Multitalent gewesen sein. Er war alles in einer Person: ursprünglich Glashofbauer, Uhrenhändler und Frachtfuhrmann, Gastwirt und Landwirt. Und er hat die Zeichen der Zeit erkannt. 1870, im Jahr ihrer Eröffnung, wurde die *Sonne* zur Posthaltestation der Großherzoglich Badischen Post. Traditionell sind die folgenden Generationen Wirte und Posthalter geblieben. Als der Fremdenverkehr zu florieren begann, wurden Zimmer vermietet, die Landwirtschaft aufgegeben. Im Jahre 1991 zerstörte ein Großfeuer das Lebenswerk von Generationen. Die Familie krempelte die Ärmel hoch und baute ihren Gasthof neu auf. In Erinnerung an die frühere Funktion heißt das Haus heute Sonne-Post.

Eine noch längere Geschichte hat das Hotel Traube schräg gegenüber – obwohl dreimal abgebrannt. Der erste Hof wurde vor 1400 erbaut, seit 1591 wird die Traube als Gastwirtschaft betrieben.

GASTHAUS AHORN /// SCHWÄRZENBACH 17 ///
79822 TITISEE-NEUSTADT / SCHWÄRZENBACH /// 0 76 57 / 2 39 ///
WWW.GASTHAUS-AHORN.DE ///

GEHÖFT MIT EIGENER SAGE
Gasthaus Ahorn, Schwärzenbach

(17)

»Der Kreuzbauer hatte auswärts Geschäfte erledigt, war aber auf dem Heimweg eingekehrt und hatte sich beim Kartenspiel und Wein verspätet. Wie er sich endlich auf den Weg machte, sah er im dunklen Wald ein Licht schimmern und hörte Musik und Gesang«. Mit diesen Worten beginnt die Sage vom einzigen bekannten Hexenmeister der Gegend, der im heutigen Gasthaus lebte, sich dem Teufel verschrieben haben soll und auf dem Scheiterhaufen sein Leben ließ. Als Beweis seiner Unschuld, sagte er bei seiner Verurteilung, solle bei seinem Hof ein Ahornbaum wachsen, was geschah.

Das Gasthaus Ahorn in Schwärzenbach liegt inmitten der Natur und ist ein beliebter Ort zur Einkehr, sowohl bei Einheimischen als bei Gästen. Die Küche verwendet Rindfleisch aus eigener Zucht.

Der Hof besitzt nachweislich seit 1455 das Schankrecht. Sein genaues Alter bleibt jedoch im Dunkeln. Seine Aufteilung war typisch für den Baustil eines Heidenhauses: der Wohnteil befand sich zum Berg hin, die Stallung Richtung Tal. Gönnte man den Kühen die schöne Aussicht? Nein, praktische Gründe stecken dahinter. Das Vieh stand den Winter über dicht an dicht im Stall, was ausreichend Wärme erzeugte. Die Wohnräume wiederum waren so von allen Seiten vor dem eisigen Wind geschützt. Beim Umbau wurde der Stil des Hofs beibehalten, mit dem Unterschied, dass nun statt der Kühe die Gäste die Aussicht genießen können. Das Vieh ist umgezogen in einen Anbau.

Wer den Gastraum betritt, findet sich in einer authentischen niederen Schwarzwaldstube wieder, einschließlich Kachelofen und Standuhr. Man speist in einer Umgebung wie anno dazumal. Der imposante Zeitmesser, die Hochzeitsuhr des einstigen Wirtspaares, wurde von der regional bekannten Uhrmacherfamilie Winterhalder gefertigt.

⌀ Nebenan wird im Winter ehrenamtlich ein Skilift betrieben. Er ist ideal für Anfänger und Kinder. Auskunft über den Liftbetrieb gibt das Gasthaus Ahorn.

45

Hier ruhen
Soldaten Seiner Majestät
des Kaisers v. Rußland, wel
che in den Befreiungskrie
gen 1813-1815 unter dem Ober
befehl des Generals Bar:
clay de Tolly durch diese Ge
gend zogen u. hier den Tod
für das Vaterland fanden
Dank u. Ehre seü ihrem Andenken.

DAS RUSSENKREUZ BEFINDET SICH AM WANDERPARKPLATZ BEIM
HOCHEBENEHOF IN 79822 TITISEE-NEUSTADT / SCHWÄRZENBACH.

WEITERE INFORMATIONEN ERHÄLTLICH BEI DER
TOURIST-INFORMATION TITISEE /// STRANDBADSTRASSE 4 ///
79822 TITISEE-NEUSTADT /// 0 76 52 / 1 20 60 ///

EINE SEUCHE BEENDETE DEN FELDZUG
Russenkreuz, Schwärzenbach

Wer nahe dem Hochebenehof in Schwärzenbach sein Auto auf dem Wanderparkplatz abstellt, dem fällt ein eigenwilliges Steinkreuz auf. Bevor Sie den Rucksack schnüren beziehungsweise die Loipe unter die Bretter nehmen, halten Sie kurz inne und hören, was das Kreuz zu sagen hat.

Es handelt sich um ein Russenkreuz. Das Mahnmal von 1906 erinnert an die gefallenen Soldaten Seiner Majestät des Kaisers von Russland während der Befreiungskriege 1813–1815. Daneben findet sich noch ein kleineres älteres Steinkreuz. Doch was hatten die Russen hier zu suchen?

Bis 1812 sah es aus, als würde Napoleon Europa komplett einnehmen. Sein Russlandfeldzug endete später durch Vertreibung der Großen Armee mit einer militärischen Katastrophe. Preußen, Österreich und die Rheinbundstaaten wechselten auf die russische Seite und trugen somit zur Niederlage und Abdankung Napoleons 1814 bei. Im Verlauf dieser Befreiungskriege drängten die verbündeten Russen die Franzosen über den Schwarzwald zurück. Zu jener Zeit war Russland Freund und Frankreich Feind. Weite Teile des Hochschwarzwaldes gehörten zu Vorderösterreich. Andere waren, wie das Gebiet um Schwärzenbach, fürstenbergisch und somit pro Österreich.

Neben den Kämpfen forderte eine Typhusepidemie ihre Opfer innerhalb des geschwächten Heers. Als orthodoxe Christen durften die Russen nicht in geweihter katholischer Erde bestattet werden, weshalb die Bevölkerung Massengräber aushob und ein Sühnekreuz aufstellte. Seit dem Mittelalter kennen wir diese kleinen Sandsteinkreuze; sie stehen dort, wo Menschen einen gewaltsamen Tod fanden. Hier dient das kleine Kreuz als Gedenkstein. Das größere, später errichtete Kreuz zeigt den typischen abgewinkelten russischen Querbalken und soll uns mit seiner Inschrift an jene qualvolle Zeit erinnern.

✍ Weitere Kreuze stehen in Friedenweiler nahe dem Klostersee, am Rand der steilen Straße nahe dem Donishof in Schwärzenbach und beim Bärenhof in Schollach.

ST. Wendelin, ora pro nobis

DIE BÄUERLICHE BEMALUNG ZIERT DIE DECKE DER
DREIFALTIGKEITSKAPELLE DES BÄRENHOFS /// HOCHBERG 2 ///
79871 EISENBACH-SCHOLLACH /// 0 76 57 / 93 33 63 ///
WWW.BAERENHOF-SCHOLLACH.DE ///

START UND ZIEL DER LOIPE HÖFE SPUR BEFINDEN SICH BEIM
SCHNECKENHOF /// OBERSCHOLLACH 4 ///
79871 EISENBACH /// 0 76 57 / 18 21 ///

Von Schwärzenbach nach Schollach kommend liegt linker Hand der Bärenhof. Der Hof ist nachweislich seit 17 Generationen in Familienbesitz. 1529 wurde der Hof erstmals in einer Untertanenliste des Klosters Friedenweiler erfasst. Im August 1955 brannte er nach einem Blitzschlag ab und konnte durch die Mithilfe von Freiwilligen und deren Spenden, in Form von Stammholz, noch im selben Jahr neu errichtet werden. Welches Alter das ursprüngliche Gebäude hatte, lässt sich nicht zurückverfolgen.

Sehenswert ist die Hofkapelle des Bärenhofs. Sie ist die größte Kapelle im Schwarzwald in Familienbesitz. Ursprünglich gehörte sie nicht zum Bärenhof. Die Dreifaltigkeitskapelle, wie ihr offizieller Name ist, stand in Schwärzenbach beim Großhof. Der Jockenbauer aus Schollach, dessen Frau vom Großhof stammte, kaufte das Kirchlein mit Einrichtung für 300 Mark, um es der Nachwelt zu erhalten. Er fand jedoch keinen geeigneten Platz und veräußerte es an seine Schwester Theresia, die Bärenhofbäuerin. So gelangte die alte Kapelle 1879 an ihren heutigen Standort. Im Jahr 1988 restaurierte sie der damaligen Hofbauer Stefan Kleiser von Grund auf, wodurch sie sich zu einem Schmuckstück mauserte. Ein wertvolles Zeugnis der Volksfrömmigkeit blieb erhalten, erkennbar an der bäuerlichen Deckenbemalung. Sie zeigt neben dem Hof den heiligen Wendelin, Schutzpatron der Herde. Mittig der Schriftzug »Ora pro nobis« –»bitte für uns«.

Eine Besonderheit ist das Instrument auf der Empore, eine selbstspielende Walzenorgel. Sie ist aus dem 19. Jahrhundert aus der Werkstätte Blessing. Die Darstellung des Kreuzwegs an den Seitenwänden stammt von Nikolaus Ganter, ein Uhrenschild- und Kunstmaler aus Friedenweiler.

Die Kapelle ist tagsüber geöffnet und kann besichtigt werden. Herr Kleiser erklärt dabei auch gerne die Funktionsweise der Walzenorgel.

❧ Im Winter führt eine wundervolle Loipe am Bärenhof samt Dreifaltigkeitskapelle vorbei: die *Höfe Spur*. Etwa neun Kilometer lang schlängelt sie sich über Wald und Feld. Ein- und Ausstieg beim Schneckenhof.

TALSTATION BEIM GASTHOF SCHNECKENHOF /// OBERSCHOLLACH 4 ///
79871 EISENBACH-SCHOLLACH /// 0 76 57 / 18 21 ///

SCHWARZWÄLDER SKIMUSEUM /// ERLENBRUCKER STRASSE 35 ///
79856 HINTERZARTEN /// 0 76 52 / 98 21 92 ///
WWW.SCHWARZWAELDER-SKIMUSEUM.DE ///

DIE ERFINDUNG DES SKILIFTS

Talstation beim Gasthof Schneckenhof, Schollach

Im oberen Schollacher Tal steht das Gasthaus Schneckenhof. Eine heute funktionsuntüchtige Mühle liegt auf der anderen Seite der Straße, sie ist dem Hof zugehörig. Kaum jemand würde hier die Wiege des Skilifts vermuten. Doch vor mehr als 100 Jahren war dies die Talstation der ersten, 280 Meter langen Liftanlage.

Robert Winterhalder, Jahrgang 1866, dereinst Bauer und Wirt, erkannte frühzeitig die Chance, die die Erschließung des Hochschwarzwaldes durch die Höllentalbahn brachte. Denn nun bereisten Erholungssuchende aus den Ballungszentren des Ruhrgebiets den Schwarzwald. Seine Bauernwirtschaft verwandelte er in ein Kurhaus. Den Bach zur Mühle staute er zum Badesee auf. Im Winter hielt der Skisport Einzug, denn seit Dr. Robert Pilet, ein französischer Diplomat, 1891 erstmals mit Skiern von Titisee aus den Feldberg bestiegen hatte, waren diese seltsamen Schneebretter eine begehrte Sensation. Winterhalders lungengeschwächte Gäste hatten jedoch Mühe, aus eigener Kraft einen Berg hinaufzukommen. Der Wirt hatte eine Idee: Ein mit Wasserkraft angetriebenes Endlosdrahtseil, das er zum Beispiel für den Betrieb von Maschinen im Hof einsetzte, könnte er sicher auch nutzen, um seine Gäste den Berg hochzuziehen.

Ein Techniker aus Hinterzarten half bei der Umsetzung. Robert Winterhalder wurden daraufhin Patente für sechs Länder erteilt. Den Plan, eine solche Anlage auf dem Feldberg zu errichten, vereitelte der Krieg. Der Lift wurde abgebaut und sein Metall für die Waffenproduktion verwendet. Die Patente liefen aus, niemand interessierte sich mehr für die alten Pläne eines Bauern. Zwei Jahre nach Winterhalders Tod erbaute Davos den ersten Schlepplift. Auf Anfrage macht seine Schwiegertochter, die Gästeführerin Dr. Anke Wittek, Gruppenführungen zu dieser Thematik.

☞ Der Pionierzeit des Skisports lässt sich am besten im Schwarzwälder Skimuseum Hinterzarten auf den Grund gehen.

DAS ROTE KREUZ BEFINDET SICH AN DER HÖHENWEGKREUZUNG KOLMEN
ZWISCHEN HELLEWANDERHOF UND GROSSHOF IN 79822 TITISEE-
NEUSTADT / SCHWÄRZENBACH ///

WEITERE INFORMATIONEN ERHÄLTLICH BEI DER
TOURIST-INFORMATION TITISEE /// STRANDBADSTRASSE 4 ///
79822 TITISEE-NEUSTADT /// 0 76 52 / 1 20 60 ///

AUSFAHRT RÖMISCHE RASTSTATION?

Rotes Kreuz am Kolmen, Schwärzenbach

21

Mitten im Wald, auf dem Höhenweg zwischen Schwärzenbach und Schollach, auf dem Kolmen – dem romanischen Ausdruck für »Höhenrücken« –, findet sich dieser Lieblingsplatz. Wir erreichen den Ort von Oberschwärzenbach aus. Zwischen Großhof und Hellewanderhof führt ein ausgeschilderter Holzabfuhrweg zum Roten Kreuz. Dieses befindet sich an einer Weggabelung, denn Kreuze und große Steine markieren von alters her wichtige Wegkreuzungen. Also nichts Besonderes? Auf den ersten Blick nicht.

In Schulbüchern lesen wir die Aussage, dass sich die Römer nicht in den wilden, dunklen Schwarzwald getraut hätten. Das stimmt nicht. Sie haben hier keine Siedlungen gebaut, durchgezogen sind sie mit Sicherheit. Und sie hatten Raststationen. In Hüfingen befand sich ein römisches Kastell – Brigobannis. In Riegel im Breisgau stand das nächste. Die Verbindung zwischen diesen Kastellen führte hier vorbei. Als gesichert gilt, dass die Römer einen alten keltischen Weg benutzten.

Heimische Historiker vermuten, dass am Roten Kreuz die Abzweigung zu einem vorchristlichen Ort der Rast gewesen sein könnte. Wie sie auf die Idee kommen? Von Brigobannis ist es einen Tagesmarsch hierher. Die Bezeichnung »Hellewand«, früher »wanc« geschrieben, hat allem Anschein nach keltische Wurzeln, sie kann mit »freie Fläche im Wald« übersetzt werden. Mit »Helle« könnten die bewachten Signalfeuer gemeint gewesen sein, die den Weg wiesen. Binden Sie diesen geschichtsträchtigen Ort doch in eine Rundwanderung ein. Sie können dazu beim Wanderparkplatz in Schwärzenbach beim Hochebenehof starten und am Loipenhaus vorbei dem Rundweg folgen. Wenn Sie ab dem Roten Kreuz geradeaus weitergehen, kommen Sie zur Judas-Thaddäus-Kapelle im Wald oberhalb Eisenbachs, die offen steht und besichtigt werden kann.

🖉   In Hüfingen, dem früheren Brigobannis, kann eines der besterhaltenen Römerbäder besichtigt werden. www.badruine-huefingen.de

ZUR MEGALITHANLAGE KUCKUCKSWEIHER VON 78147 VÖHRENBACH-
HAMMEREISENBACH DEM PARALLEL ZUM ORT AM BERG VERLAUFENDEN
WANDERWEG (DOBELWEG) AB DER RUINE NEUFÜRSTENBERG ETWA ZWEI
KILOMETER ZU FUSS DURCH DEN WALD FOLGEN.

WEITERE INFORMATIONEN ERHÄLTLICH BEI DER
STADTVERWALTUNG VÖHRENBACH /// FRIEDRICHSTRASSE 8 ///
78147 VÖHRENBACH /// 0 77 27 / 50 10 /// WWW.VOEHRENBACH.DE ///

HEIDNISCHER KULTPLATZ?

Megalithanlage Kuckucksweiher, Hammereisenbach

22

Begeht man von der Ruine Neufürstenberg den Dobelweg bis hoch über den Ort Hammereisenbach, stößt man nach etwa zwei Kilometern auf die bedeutendste Megalithanlage der Gegend: den Kuckucksweiher. Vermutlich wurde sie so genannt, weil der hier lebende Vogel die Opferschalen als Bad nutzt.

Geologisch gesehen stammen diese Steinblöcke aus natürlichen Ablagerungen der letzten Eiszeit. Einiges lässt jedoch auf menschliche Bearbeitung und Nutzung schließen: Felsen in Altarform, mehrere exakt gerundete Steinschalen mit bis zu 80 Zentimeter Durchmesser, sowie übereinandergestapelte Felsen.

Man vermutet, dass der steinzeitliche Platz in der nachfolgenden Eisenzeit – der Zeit der Kelten – ebenfalls als Kultort diente. Ins Auge fällt ein Bannzeichen, ein christliches Kreuz, welches gut sichtbar in einen der Felsen eingeritzt wurde. Dies ist ein Hinweis darauf, dass die Kuckucksweiher-Anlage schon lange vor der Christianisierung bestand und man sie als rituellen Ort einstufte. Mit dem Kreuz sollte der alte Glaube gebannt werden.

Neben dem so »entweihten« Felsblock liegt ein dreieckiger Schalenstein. Er diente 1742 als Grenzstein zwischen dem Grundstück des unterhalb liegenden Dilgerhofes und dem Fürstlich Fürstenbergischen Grund. Darauf weisen die gut sichtbaren Einritzungen »1742 CHD« (Christian Dilger) und »1742 FF« hin. Störende neuzeitliche Kennzeichnungen aus der Nazizeit, bestehend aus Initialen und der Jahreszahl 1933, zeigen das Bestreben der Nationalsozialisten, einen Bezug zu den germanischen Vorfahren herzustellen.

Dass die vielen Steinquader mit ihren Schalen und Ausbuchtungen in nicht zufälliger Anordnung stehen, ist offensichtlich. Es gibt Spekulationen, es könne sich beim Kuckucksweiher neben einem Kultplatz um eine Art Kalender oder Sonnenuhr handeln.

In Schonach kann man noch mehr außergewöhnliche Steine bewundern. Der zwei Kilometer lange Schalensteinrundweg ab dem *Haus des Gastes* in der Hauptstraße 6 bietet reichlich Gelegenheit dazu.

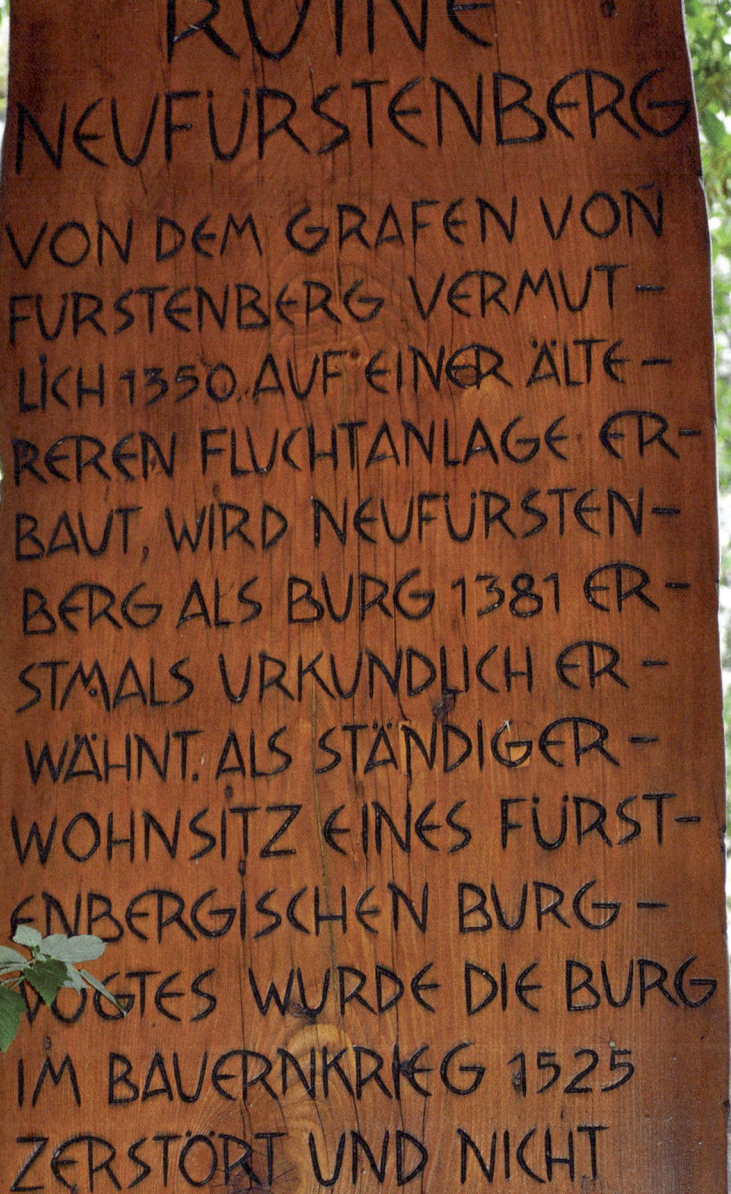

RUINE NEUFÜRSTENBERG

VON DEM GRAFEN VON FÜRSTENBERG VERMUTLICH 1350 AUF EINER ÄLTEREN FLUCHTANLAGE ERBAUT, WIRD NEUFÜRSTENBERG ALS BURG 1381 ERSTMALS URKUNDLICH ERWÄHNT. ALS STÄNDIGER WOHNSITZ EINES FÜRSTENBERGISCHEN BURGVOGTES WURDE DIE BURG IM BAUERNKRIEG 1525 ZERSTÖRT UND NICHT WIEDER AUFGEBAUT.

INFORMATIONSSTELE UNTERHALB DER RUINE NEUFÜRSTENBERG. SIE LIEGT IM TALAUSGANG AUF DEM FELSSPORN ÜBER DER MÜNDUNG DER URACH IN DIE BREG, NAHE 78147 VÖHRENBACH- HAMMEREISENBACH.

WEITERE INFORMATIONEN ERHÄLTLICH BEI DER STADTVERWALTUNG VÖHRENBACH /// FRIEDRICHSTRASSE 8 /// 78147 VÖHRENBACH /// 0 77 27 / 50 10 /// WWW.VOEHRENBACH.DE ///

ZERSTÖRT IM BAUERNKRIEG

Ruine Neufürstenberg, Hammereisenbach

23

Weiter östlich von Schollach liegt Hammereisenbach, das seinen Namen einem ehemaligen Hammerwerk am Eisenbach verdankt. Dort ragt auf der linken Seite auf einem Felssporn zwischen dem Hammerbach und der Breg eine Burgruine in den Himmel: Neufürstenberg. So genannt, weil von hier aus die damals neu hinzugekommenen fürstlichen Gebiete überwacht wurden. Ihr imposanter Schild scheint noch heute die Besucher abweisen zu wollen.

Geschützt hinter dieser 15 Meter hohen Mauer befand sich die Wohnburg mit kleinem Burghof, der Eingang war seitlich gelegen.

Wer errichtete die Feste zu welchem Zweck? Um 1360 bauten die Fürstenberger, eine weitverzweigte Grafenfamilie, die Burg Neufürstenberg auf einer älteren, namentlich unbekannten Befestigung, was durch archäologische Funde als gesichert gilt. Erstmalig erwähnt wurde die Burg 1381 durch Graf Johann von Fürstenberg-Haslach. Sie diente als Amtssitz des Vogts, der die Straße zwischen der Baar und dem Breisgau sicherte und die Kontrolle über den Erzabbau im Eisenbachtal hatte. 1485 wurde die Burg als baufällig bezeichnet, sie soll ab da hauptsächlich als Gefängnis gedient haben. Am 8. Mai 1525 zerstörten Aufständische Neufürstenberg im Bauernkrieg.

Eine Sage aus jener Zeit rankt sich um die Burg. Die Bauern der Umgebung sollen einen Anschlag auf ihren verhassten Herrn geplant haben. Dieser sei gewarnt worden und habe daraufhin die Hufeisen seinem Hengst verkehrt herum angeschlagen. Getarnt als Knecht sei er geflohen. Im Tal von Urach habe man ihn gestellt und mit einer Lanze ermordet. Die Stelle, eine Senke, heißt heute noch »Des Grafen Loch«. Gesicherte Tatsache davon ist, dass der Burgvogt Beha von aufständischen Bauern unter den Rauchsäulen der brennenden Feste durch die Spieße gejagt wurde, was heute als Spießroutenlauf bekannt ist.

⌖ Die Breg abwärts liegt an der L 180 die Burgruine Zindelstein. Ein leuchtender Karfunkel, eine Kreuzzugsbeute, den der Burgherr manchmal auf die Zinnen legte, gab ihr den Namen.

MAUERRESTE DES RINGWALLS, DER DAS KRUMPENSCHLOSS VON
HAMMEREISENBACH UMGAB. DEM WANDERWEG AB DEM KRUMPENHOF
AM BREGBACH IN 78147 VÖHRENBACH-HAMMEREISENBACH
BERGAN UND AUF DER ANHÖHE DEM SCHILD MIT DEM GRÜNEN PUNKT
FOLGEN.

FRANZISKANERMUSEUM VILLINGEN-SCHWENNINGEN /// RIETGASSE 2 ///
78050 VILLINGEN-SCHWENNINGEN /// 0 77 21 / 82 23 51 ///
WWW.FRANZISKANERMUSEUM.DE ///

Eine Kuriosität von Hammereisenbach ist das Krumpenschloss. Keiner weiß, wie alt es ist, wer es erbaut hat und warum.

Es liegt, vom Ort kommend, auf dem Bergsporn rechts der Breg. Ihren Namen hat die Anlage vom nächstgelegenen Hof, dem Krumpenhof. Auf einer alten Karte von 1620 wird das Schloss »Altfürstenberg« genannt, dieser Name war jedoch nie offiziell. Die Burg Neufürstenberg erbauten die Grafen im Mittelalter, Altfürstenberg hingegen gab es nie. Der Volksmund verlieh dem Schloss diesen Namen in Bezug auf die neuere Anlage. Später setzte sich die Bezeichnung »Krumpenschloss« durch.

Die Theorien über ihre Entstehung reichen von der Zeit der Kelten bis ins Mittelalter. Der größte keltische Fürstengrabhügel Mitteleuropas, der Magdalenenberg, liegt zehn Kilometer entfernt und könnte damit im Zusammenhang stehen. Die Bauweise des die Burg umgebenden Walls, eine Art »Holzkammermauer« – darunter versteht man zwischen Holzpalisaden aufgeschichtete Steinwände –, entspricht nicht der von frühmittelalterlichen oder römischen Anlagen. Der Ringwall wird in keiner alten Urkunde erwähnt, folglich ist er älter als die ersten urkundlichen Besitzbezeichnungen. Bodenproben am Fuß des Bergs ergaben eine erstmalige landwirtschaftliche Bewirtschaftung um das neunte Jahrhundert. Eine frühere Nutzung der Kammlage wird nicht ausgeschlossen. Belegt ist zudem die Eisenverhüttung seit dem Mittelalter. Haben die Kelten hier zuvor Erz abgebaut?

Die Ausmaße des Krumpenschlosses, von dem nur noch der Ringwall übrig ist, sind noch heute immens. 80 auf 150 Meter breit ist die Anlage, ein ergreifendes Gefühl, mitten im Wald von einer zum Teil hohen Mauer umgeben zu sein. Vom Landesdenkmalamt wird sie als »vorgeschichtlich« definiert und als archäologisches Kulturdenkmal angesehen.

✍ Ein Besuch der Grabkammer im Franziskanermuseum Villingen lohnt sich. Ursprünglich stammt die Grabkammer vom Magdalenenberg, einem hallstattzeitlichen Grabhügel.

DAS SCHEIBENKREUZ BEFINDET SICH GEGENÜBER DER BUSHALTESTELLE FEUERWEHRHAUS IN DER DORFSTRASSE VON 79822 TITISEE-NEUSTADT / RUDENBERG.

GASTSTÄTTE PAULI-WIRT /// RUDENBERG 14 ///
79822 TITISEE-NEUSTADT /// 0 76 51 / 14 27 /// WWW.PAULI-WIRT.DE ///

EIN RÄTSELHAFTER GEDENKSTEIN

Ein besonderes Kreuz steht in der Ortsmitte von Rudenberg bei der Bushaltestelle am Feuerwehrhaus. Denn niemand wusste bislang, was es mit dem Stein auf sich hat. Es gibt keine Inschrift, keine mündliche Überlieferung. Es ist eines von nur acht Scheibenkreuzen in Südbaden. Das Denkmal ist aus Buntsandstein gefertigt, der nicht vor Ort vorkommt. Diese Gesteinsart findet sich nächstgelegen im Klosterwald von Friedenweiler Richtung Oberbränd. Hat man das Kreuz dort gefertigt?

Eine alte Stadtchronik bezeichnete es als Grenzstein des Klosters Reichenau, das in der Nähe Besitzungen hatte. Ursächlich war die Form des Kreuzes – ein Kleeblatt in einem Kreis –, die an das Schild erinnert, das Teil des Wappens der Reichenau ist. Belegt ist nichts dergleichen. Aus früheren Kulturen kannte man diese runde Symbolik; sie galt der Sonne, dem Göttlichen. Das Scheibenkreuz jedoch hat höchstwahrscheinlich eine andere Bedeutung.

Der Weg weist Richtung Mittelalter, in eine andere Zeit des Rechtsverständnisses. Bei Totschlag galt damals die germanische Blutrache. Um den dörflichen Frieden zu wahren, der vielfach jahrzehntelange blutige Fehden nach sich zog, wurden auf Betreiben der Kirchen und weltlichen Herrscher sogenannte Sühneverfahren angestrengt. Wir sprechen von der Zeit zwischen 1350 und 1550. Der Täter musste ein Bußgeld entrichten und mehrere heilige Messen für den Getöteten lesen lassen. Außerdem hatte er ein Sühnekreuz zu stiften, das am Tatort aufgestellt wurde. In Württemberg galt noch bis 1621 die germanische Rechtsprechung – sprich Blutrache; Auge um Auge, Zahn um Zahn! Obwohl Kaiser Karl V. bereits 1532 eine neue, auf römischen Recht fußende Gerichtsbarkeit erlassen hatte. Nach neuesten Erkenntnissen handelt es sich in Rudenberg um solch ein altes Sühnekreuz.

✍ Nicht weit vom Kreuz entfernt, an der Dorfstraße Richtung Neustadt, ist die Gaststätte Pauli-Wirt gelegen, die gutbürgerliche, regionale Küche bietet.

SCHILLINGSKAPELLE /// SCHILLINGSWEG /// 79877 FRIEDENWEILER ///

WEITERE INFORMATIONEN ERHÄLTLICH BEI DER TOURIST-INFORMATION
FRIEDENWEILER /// PETER-THUMB-STRASSE 16 ///
79877 FRIEDENWEILER /// 0 76 52 / 1 20 60 ///

MARIA ZU EHREN?

»Meerstern, ich dich grüße, oh Maria hilf, Gottesmutter süße … « Wer im Marienmonat Mai über die Höhe zwischen Rudenberg und Friedenweiler wandert, kann mit ein wenig Glück diesen Gesang vernehmen, noch bevor er die Schillingskapelle sieht.

Die Kapelle hat eine lange Geschichte und viele Sagen ranken sich um sie. In den Annalen der klösterlichen Chronisten von Friedenweiler ist belegt, dass vor Maria eine andere Frau an diesem Ort verehrt wurde: die römische Göttin Vesta. Ihr Bildnis stand auf einer Steinsäule, wo sich heute die Kapelle befindet. Nicht weit von hier, bei Schwärzenbach, verlief ein römischer Handelsweg. Mit der Verbreitung des Christentums musste Vesta im 7. Jahrhundert der neuen Beschützerin weichen. An ihre Stelle trat die Gottesmutter Maria in Form einer Pieta, »Vesperbild« genannt – weil man den Leichnam Jesu zur Vesperzeit abgenommen hatte. Aus dem Vestabildnis wurde ein Vesperbildnis. Zufall? Fromme Eremiten, die in der Gegend lebten, hatten den Wechsel vollzogen und das neue Heiligtum durch eine hölzerne Kapelle geschützt.

Um 1065 soll sich ein Grafensohn bei einer fürstenbergischen Jagd verirrt haben und an jenem Ort unversehrt wiedergefunden worden sein. Aus Dankbarkeit habe dessen Vater die hölzerne Kapelle durch eine aus Stein ersetzen lassen. Ganz stimmen kann dies so nicht, denn die Fürstenberger gab es erst im 13. Jahrhundert. Es kann sich also nur um deren väterliche Vorfahren, die Grafen von Urach, ansässig auf der Schwäbischen Alb, gehandelt haben.

Nach dem Klosterbau in Friedenweiler kam das Vesperbild in die dortige Kapelle. 1725 zerstörte eine Feuersbrunst das über 1.000-jährige Gnadenbild einschließlich des Klosters. Das heutige Vesperbild über dem Altar der Schillingskapelle soll an die wechselvolle Geschichte erinnern.

🦢 Halten Sie sich auf dem Höhenweg von der Kapelle Richtung Kleineisenbach/Schafhofweg, dort bietet sich Ihnen nach wenigen hundert Metern ein wundervoller Blick auf das ehemalige Kloster.

KLOSTERWEIHER /// PETER-THUMB-STRASSE 16 A ///
79877 FRIEDENWEILER /// 0 76 51 / 25 57 ///

ERFRISCHENDER GEHEIMTIPP

Besuchen wir den kältesten Badesee der Umgebung, den Klosterweiher in Friedenweiler. Wie der Name sagt, gehörte er zum einstigen Kloster Friedenweiler und war für die Versorgung der Nonnen mit Freitagsfisch angelegt worden.

Heute ist der Weiher in erster Linie ein Badesee. Selten erreicht er 20 °C, meist liegt die Temperatur deutlich darunter. Schuld ist der Durchfluss des kühlen Klosterbaches, der im Waldgebiet um Kleineisenbach seine Quellzuflüsse hat. In den 70er-Jahren des letzten Jahrhunderts wurde direkt am See ein beheiztes Freibad gebaut. Heute kämpft ein rühriger Verein mit einem bunten Veranstaltungsprogramm darum, die laufenden Kosten decken zu können.

Bei den hitzegeplagten Menschen aus dem Unterland, gemeint sind die Gegenden um Freiburg, gilt der See als erfrischender Geheimtipp. Selbst an heißen Sommertagen kostet es jedoch so manchen Überwindung, in den kalten dunklen See zu steigen. Hat man es geschafft, ist eine wohltuende Abkühlung garantiert. Seine dunkle Farbe verleiht ihm das Moor, wie bei allen Naturgewässern im Hochschwarzwald.

Im Sommer nimmt die Dorfjugend den See in Beschlag. Auf der östlichen Seite steht ein Sprungturm, den gab es schon in meiner Kindheit, als man nur im Weiher baden konnte. Bei kühlerem Wetter war Bootfahren beliebt. Die nostalgischen Umkleidekabinen aus Holz mussten zugunsten der Liegewiese weichen. Relativ neu ist die in der Mitte des Sees vertäute Floßinsel, noch jüngeren Datums das Fährfloß; mit Muskelkraft zieht man sich und seine Passagiere darauf an einem Seil über den See. Für Familien mit Kleinkindern ist ein eigener Bereich mit Planschbecken und Spielgeräten reserviert. Der Klosterweiher ist ein idealer Ort, um im Schatten alter Bäume zu dösen und dem bunten Treiben zuzuschauen.

✍ Nach Einbruch der Dunkelheit können an warmen Sommertagen Fledermausschwärme über dem See beobachtet werden.

EHEMALIGES ZISTERZIENSERINNENKLOSTER, HEUTE SENIORENRESIDENZ »PRO SENIORE SCHLOSS FRIEDENWEILER« /// SCHLOSSPLATZ 3 /// 79877 FRIEDENWEILER ///

WEITERE INFORMATIONEN ERHÄLTLICH BEI DER TOURIST-INFORMATION FRIEDENWEILER /// PETER-THUMB-STRASSE 16 /// 79877 FRIEDENWEILER /// 0 76 52 / 1 20 60 ///

Im nackten Steingewand steht die ehemalige Klosterkirche in der Dorfmitte. Sie ähnelt damit dem Kloster St. Peter; kein Wunder, denn hinter beiden steckt derselbe Baumeister: Peter Thumb aus Vorarlberg. Er brachte den barocken Stil in die Gegend. Mehrere Kirchen sind unter seiner Leitung entstanden.

Knapp 700 Jahre bestimmte das in den Jahren nach 1123 gebaute Kloster die Geschicke der umliegenden Täler. Der Abt des zähringischen St. Georgen soll damals beim Kalvarienberg, der hinter dem heutigen Gotteshaus ansteigt, durch einen Sturz vom Pferd den Anschluss an seine Begleiter verloren, sich verirrt und zu seiner Errettung den Bau eines Klosters gelobt haben. Die Grafen von Zähringen wollten die Einöde sowieso besiedeln. Das Gebiet, dem Kloster Reichenau zugehörig, wurde getauscht.

Der Abt von St. Georgen hatte die Oberhand über das Kloster, das von einer Meisterin geführt wurde. Es war bis ins 16. Jahrhundert mit Benediktinerinnen besetzt. Durch die Wirren der Reformation stand es einige Jahrzehnte leer. Später ließ das Fürstenhaus Zisterzienserinnen aus Lichtental bei Baden-Baden holen, um es neu zu beleben. Unter diesem Orden hatte Friedenweiler eine eigenständige Äbtissin.

Neben drei Bränden, in den Jahren 1452, 1499 und 1725, hatte das Kloster etliche Kriege, Seuchen und Plünderungen zu verkraften. 1803 löste man das Kloster im Zuge der Verweltlichung auf, und der Fürst nutzte es fortan als Jagdschloss. Daher der Name: Schlossplatz. Von 1840 bis 1920 war die fürstliche Schlossbrauerei in den Räumlichkeiten untergebracht. Zwischen 1922 bis 1983 dienten sie als Kinderheilstätte. Seit 1989 befindet sich ein Seniorenheim darin. Religiöser Mittelpunkt ist die Pfarrkirche St. Johann Baptist geblieben, sie kann tagsüber besichtigt werden.

☞ Weitere Informationen bietet ein Kirchenführer, der in der Kirche ausliegt und zum Selbstkostenpreis erworben werden kann.

DAS TIGER
HERZ DES
MÖRDERS
SPRACH BIS
HIER VND WEI-
TER S NICHT VOLL
WUTH VND GAL-
ST IE S VND STACH
DAS MESSER MIT
GWICHT ER DEM
JÜNGLING IN DIE
KEHLE VND ZA-
HE IN S EINER A:
WEN SEELE EI-
KULIE ZV MEI-
WIN O FES VATER

DAS MÖRDERKREUZ IST AM MÖRDERBUSCHWEG, EINEM ZUM WALD
ABGEHENDEN WANDERWEG, AN DER ORTSVERBINDUNG VON
79877 FRIEDENWEILER UND DEM ORTSTEIL RÖTENBACH GELEGEN.

WEITERE INFORMATIONEN SOWIE DER WANDERFÜHRER FRIEDENWEILER
SIND ERHÄLTLICH BEI DER TOURIST-INFORMATION FRIEDENWEILER ///
PETER-THUMB-STRASSE 16 /// 79877 FRIEDENWEILER ///
0 76 52 / 1 20 60 ///

ÜBERFALL IM WALD

Mörderkreuz im Klosterwald, Friedenweiler

29

Ein leises Grauen ergreift den Wanderer, wenn er am Wegrand im Wald dieses Gedenkkreuz erblickt. Zeugt es doch davon, wie grausam Habgier enden kann. Die Rede ist vom Mörderkreuz.

Zu finden ist es auf dem Verbindungsweg von Friedenweiler nach Rötenbach im Wald. Der Weg beginnt auf der Wiese hinterm Aussiedlerhof Zimmermann unterhalb Friedenweilers und kreuzt die Kreisstraße 4992. Folgen Sie dem Hinweis »Dobelschachen, Rötenbach«, wo der Weg leicht ansteigend in den Wald führt. Diese Wegstrecke wird »Mörderbuschweg« genannt. Das Kreuz steht von Friedenweiler kommend links am Weg.

Wie man im 19. Jahrhundert mit diesem Mörder verfuhr, verrät der Stein nicht. Wir lesen nur, wie die Tat sich zugetragen hat. Überliefert sind auch die Umstände: Vor mehr als 200 Jahren wurde ein Knecht aus Friedenweiler überfallen und ermordet. Er kam aus Rötenbach, wo er Vieh verkauft hatte. Der Knecht hatte lediglich eine Anzahlung in Höhe von elf Gulden bei sich. Der Mörder, ein Metzgergeselle, hatte erwartet, eine viel größere Summe bei ihm zu finden.

Auffallend ist die dramatische Sprache, in der die Inschrift des Kreuzes vom Mord berichtet. Der Text lautet: »*Das Tigerherz des Mörders sprach, bis hier und weiter nicht. Voll Wuth und Gal sties und stach das Messer mit Gewicht dem Jüngling in die Kehle und zählt in seiner Löwenseel 11 Gulden zum Gewinn. Joh. Glunk von Löffingen, 4. Oktober 1810*«. Der Vergleich mit Tiger und Löwe sollte wohl ein düsteres und wildes Bild von dem Unhold liefern. Mit Sicherheit war von den Einheimischen vor 200 Jahren keiner diesen Tieren jemals begegnet, man kannte sie nur aus Erzählungen. Solch drohende Tiergestalten, man denke an den bösen Wolf, sind uns auch heute noch aus Märchen bekannt.

🖉   Den ganzen Wanderweg und weitere Tourenvorschläge finden Sie im *Wanderführer Friedenweiler*, verfasst von Dr. Peter Dietz, herausgegeben von der Gemeinde Friedenweiler, erhältlich bei der Tourist-Info.

DIE STRAUB-GEIGEN SIND ZU SEHEN IM BESUCHERRAUM DES
RATHAUS RÖTENBACH /// HAUPTSTRASSE 24 ///
79877 FRIEDENWEILER-RÖTENBACH /// 0 76 54 / 9 11 90 ///

DER LETZTE SEINER ZUNFT
Rathaus mit Straub-Geigen, Rötenbach

30

Historische Kostbarkeiten von Rötenbacher Bürgern werden im Rathaus ausgestellt und können dort während der Öffnungszeiten angesehen werden. Zwei Exponate haben es mir besonders angetan, es sind zwei Geigen. Auch wenn oftmals der Eindruck entsteht, wurden im Schwarzwald nicht nur Uhren gebaut. Es gab nachweislich eine Geigenbaudynastie über sechs Generationen. Der Letzte der Zunft, Johann Straub, lebte und starb in Rötenbach.

Der Ursprung dieser Familie lässt sich bis ins 17. Jahrhundert zurückverfolgen. Der erste Geigenbauer lernte sein Handwerk bei einem Meister in Geroldshofstetten bei Grafenhausen. Die Kunst des Geigenmachens wurde in der Folgezeit jeweils dem Sohn vom Vater beigebracht. Neben einem guten Gehör benötigten die Künstler ein besonderes Holz, das Klangholz. Zum Instrumentenbau eignen sich nur langsam wachsende Bäume, welche beispielsweise in den rauen Hochlagen des Schwarzwaldes zu finden sind. Die Jahresringe eines Baumes verraten nicht nur, wie alt er ist; je dichter die Ringe stehen, desto fester das Holz, desto reiner der Klang. Damit erklärt sich, warum der Geigenbau traditionell in bergigen Gegenden beheimatet war.

Die Schwarzwälder Geigenmacher verwendeten für den Klangkörper Ahornholz vom Feldberg, das nach der Ernte mindestens 20 Jahre gelagert werden musste. Für die Einlegearbeiten nahmen sie dunkleres Obstgehölz.

Abnehmer waren die Fürstenhäuser und vor allem die Klöster. Ein Unterhaltungsmusiker hätte sich eine dieser kunstvollen Geigen nie leisten können. Diese spielten auf Fideln, den einfacheren Instrumenten. Eine Straub-Geige kostete umgerechnet 18.000 Euro. Mit der Säkularisation, der Auflösung der Klöster, brachen die wichtigsten Auftraggeber weg, und diese Handwerkskunst geriet in Vergessenheit.

✿ Ein weiterer wichtiger Sohn Rötenbachs war der Hinterglasmaler Benedikt Winterhalder. Durch die von ihm verwendete Technik blieben die Bilder vor Staub und Ruß der offenen Schwarzwälder Rauchöfen geschützt.

Rötenbacher Dorfladen

DORFLADEN RÖTENBACH /// FRIEDENWEILER STRASSE 2 ///
79877 FRIEDENWEILER-RÖTENBACH /// 0 76 54 / 8 05 90 82 ///
WWW.DORFLADEN-RÖTENBACH.DE ///

GELEBTE GEMEINSCHAFT
Dorfladen, Rötenbach

31

Wie kann ein Laden ein Highlight sein? Ganz einfach: Ein tolles Projekt wie dieses verdient Beachtung, sowohl von Einheimischen als auch von Gästen. Als in Rötenbach das letzte »Lädele« schloss, weil kein Nachfolger gefunden werden konnte, nahmen die Dorfbewohner das nicht einfach hin. Sie suchten nach Alternativen und krempelten die Ärmel hoch. Leicht war das nicht, die Bedenken waren groß, und das Geld für die notwendige Renovierung des Gebäudes fehlte. Die Gründung einer Genossenschaft lehnte der Baden-Württembergische Genossenschaftsverband wegen des Verdachts der Unrentabilität ab. Also rückten die Einwohner Rötenbachs zusammen und gründeten eine eigene Unternehmergesellschaft, beschafften über Anteilsverkäufe das Grundkapital und leisteten mehr als 1.500 Stunden ehrenamtliche Arbeit. Damit war der Weg für Landeszuschüsse geebnet. Im Dezember 2013 wurde der Laden schließlich wiedereröffnet.

Mittlerweile ist das Geschäft das Herzstück der Gemeinde und kann seine Angestellten bezahlen. Ehrenamtliche bieten nach wie vor ihre Hilfe an; wöchentlich fahren sie die älteren Bürger aus dem benachbarten Friedenweiler mit dem Bürgerbus zum Einkaufen hierher oder diese geben von Zuhause aus ihre Bestellung auf und nutzen den kostenlosen Lieferservice. Platz und Zeit für ein »Schwätzle« bei einer Tasse Kaffee bietet das Dorfcafé im Lädele für alle. Rund ums Jahr werden vom Team des Ladens Veranstaltungen organisiert – vom Flohmarkt über Bastelkurs, Kreativmarkt, Grillfest bis zum Kartenspielenachmittag. Der Dorfladen hat das Miteinander im Ort wiederbelebt, und die Menschen kommen nicht nur her, wenn ihnen die Milch ausgegangen ist. Allen ist bewusst, ziehen sie nicht an einem Strang, ist der Dorfladen bald Geschichte. Und das möchte natürlich keiner.

Lust auf eine Wanderung? Ab dem Bahnhof Rötenbach bietet sich ein zwölf Kilometer langer Rundweg durch die Rötenbachschlucht bis zur Wutachmündung und über die Wiesen zurück an.

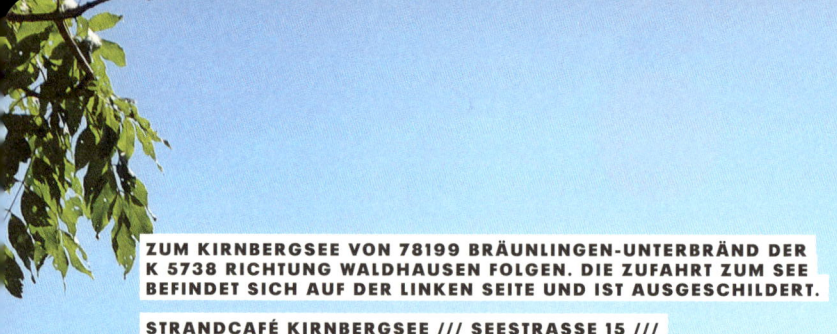

ZUM KIRNBERGSEE VON 78199 BRÄUNLINGEN-UNTERBRÄND DER K 5738 RICHTUNG WALDHAUSEN FOLGEN. DIE ZUFAHRT ZUM SEE BEFINDET SICH AUF DER LINKEN SEITE UND IST AUSGESCHILDERT.

STRANDCAFÉ KIRNBERGSEE /// SEESTRASSE 15 /// 78199 BRÄUNLINGEN /// 0 76 54 / 75 10 /// WWW.STRANDCAFE-KIRNBERGSEE.DE ///

VOM ZENTRUM DER MACHT ZUM BADESEE

Kirnbergsee, Unterbränd

32

Bei Unterbränd finden wir einen herrlichen Badesee. Der Kirnbergsee ist der wärmste See des Schwarzwaldes. Wer genauer hinsieht, wird feststellen, dass es sich um einen Stausee handelt. Dieser entstand in den Jahren 1921/22 durch die Brändbachtalsperre, die unter anderem der Stromgewinnung dient.

Lädt das Wetter nicht zum Baden, lohnt eine Umrundung des Gewässers zu Fuß. Auf der Staumauer stehend, fällt südlich beim Treppenaufgang zur Überwindung des kleinen Bergsporns ein Stück altes Gemäuer ins Auge. Oben angekommen lädt ein Picknickplätzchen mit Blick über den See zum Verweilen ein. Kaum jemand ahnt wohl, dass es sich hierbei um einen ehemaligen Burghof handelt. Nur wer um die Erhöhung herumgeht, findet weitere Mauerreste. Denn hier auf dem Kirnberg stand einst eine gleichnamige Burg. Sie war der Herrschaftssitz eines Familienzweigs der Grafen von Zähringen, der die westliche Baar regierte. Insgesamt zwölf Städtegründungen in Süddeutschland und der Schweiz gehen auf die Zähringer zurück. Im Jahr 1218 starb das Geschlecht aus. Geschichtlich gesehen waren sie die Pioniere des Mittelalters. Unter ihrer Herrschaft erblühte der Süden zu neuem Leben. Die Burg, 1250 erstmals erwähnt, wurde um 1416 während der Fürstenbergisch-Lupfischen Fehde zerstört.

Der Badestrand ist unterteilt in zwei Abschnitte: eine teils durch Bäume beschattete Wiesenfläche mit Badesteg und einen Sandstrand. Dazwischen liegt das Vogelschutzgebiet, das nicht begangen werden kann. Dennoch kann man vom Verbindungsweg aus Wildgänse und gelegentlich einen der seltenen Eisvögel beobachten. Die Wiesenfläche ist durch ein kleines Sträßchen von der Landstraße aus zu erreichen. Parkplätze und ein Toilettenhäuschen sind vorhanden. Hier lässt sich ein entspannter Sommertag verbringen.

✍ Auf der anderen Seite des Badestrandes lockt beim Campingplatz ein Strandcafé.

DIE WEILER KAPELLE STEHT AN DER VERBINDUNGSSTRASSE ZWISCHEN UNTERBRÄND UND 79843 LÖFFINGEN-DITTISHAUSEN /// WWW.WEILER-KAPELLE.DE ///

WEITERE INFORMATIONEN ERHÄLTLICH BEI DER TOURIST-INFORMATION LÖFFINGEN /// RATHAUSPLATZ 14 /// 79843 LÖFFINGEN /// 0 76 52 / 1 20 60 ///

ÜBERBLEIBSEL EINES DORFES

Weiler Kapelle, Dittishausen

33

Unweit des Unterbränder Kirnbergsees, in Richtung Dittishausen, steht mutterseelenallein eine Kapelle am Waldrand. Sie ist ein Überbleibsel des einstigen Dorfes Weiler, nach dem sie auch benannt wurde. Erzfunde im 13. Jahrhundert in der Gegend waren der Grund für die Entstehung der dortigen Siedlung. Zur Eisenschmelze wurde eine Köhlerei betrieben. Auch Gerber, Schmiede, Landwirte und Wirte waren hier über die Jahrhunderte beheimatet. Einst sollen an die 100 Menschen in Weiler gelebt haben. Angesichts der Vielzahl von Berufen rund um die Eisenverarbeitung wurde der Ort im Nachhinein scherzhaft »kleiner Ruhrpott« genannt.

Seit wann das Kirchlein existiert, ist nicht bekannt. Erstmalig genannt wurde es um 1440 bei einer Vermögensaufstellung. 200 Jahre später erfuhr die Siedlung einen Einwohnerschwund. Was war der Grund? Eine andauernde Kälteperiode verdarb über mehrere Jahre die Ernte. Außerdem forderte der Dreißigjährige Krieg viele Todesopfer. Wie an anderen Orten im Hochschwarzwald blieben auch in Weiler viele Häuser in der Folge verlassen zurück.

Die meisten verbliebenen Menschen zogen schließlich nach Dittishausen, das Örtchen war immer mehr wie ausgestorben. Lediglich zwei Höfe konnten sich noch länger halten: Der eine wurde 1880 schließlich wegen Baufälligkeit abgebrochen, der letzte 1905 durch Brandstiftung ausgelöscht.

Die Weiler Kapelle verkam zum Heueinlageplatz. Bis sie Anfang des 21. Jahrhunderts durch einen Tauschvertrag – Kapelle mit Umland gegen ein an die Fürstenbergische Forstverwaltung grenzendes Waldstück – mit Fürstenberg in Löffinger Hand überging. Sowohl Weiler als auch Dittishausen sind Ortsteile von Löffingen. Rührige Freiwillige kümmerten sich im Anschluss um die Renovierung und retteten damit dieses kulturelle Kleinod und einen stummen Zeitzeugen.

✎ Ein Buch zur Geschichte von Ort und Kapelle, *Weiler, eine Siedlung zwischen Schwarzwald und Baar* von Emil Ketterer, ist in der Tourist-Info Löffingen erhältlich.

IM HINTERGRUND ZU SEHEN IST DIE WALLFAHRTSKAPELLE WITTERSCHNEEKREUZ, IM VORDERGRUND BEFINDET SICH DIE ALTE HOLZKAPELLE.

BEIDE SIND IN DER MAIENLANDSTRASSE GELEGEN, ETWA 1,5 KILOMETER WESTLICH DES MAILÄNDER TORS AUF DER KUPPE IN 79843 LÖFFINGEN.

WEITERE INFORMATIONEN ERHÄLTLICH BEI DER TOURIST-INFORMATION LÖFFINGEN /// RATHAUSPLATZ 14 /// 79843 LÖFFINGEN /// 0 76 52 / 1 20 60 ///

WUNDERSAME RETTUNG
Wallfahrtskapelle Witterschneekreuz, Löffingen

34

Manchmal entsteht aus einer Begebenheit eine Wallfahrtskirche: Im Winter 1740 verirrte sich ein Wanderer auf den Feldern vor Löffingen im heftigen Schneesturm. Erschöpft glaubte er den Erfrierungstod erleiden zu müssen, er legte seine Seele in Gottes Hand und gelobte, ein Kreuz zu spenden, sollte er errettet werden. Nach einiger Zeit hörte er ein Glöckchen läuten. Es war das Feierabendläuten von Löffingen. Zugleich vernahm er Stimmen. Holzfäller auf ihrem Heimweg kamen vorbei und nahmen den Erschöpften mit ins nahe Städtchen. Von diesen Ereignissen erfahren wir auf der Infotafel am Eingang der alten Kapelle. Später ließ der Fremde wie versprochen ein Kreuz errichten. Unter den Menschen sprach sich das Wunder seiner Errettung herum, sie pilgerten zu dem Platz. 1792 errichteten Gläubige am Ort der Anbetung eine Kapelle. An Sonn- und Feiertagen strömten die Menschen in der Hoffnung auf Heilung hierher. Noch heute finden sich in dem kleinen Gotteshaus Dankesbilder von Gläubigen, deren Wunsch erfüllt worden zu sein scheint.

Die Kapelle platzte allmählich aus allen Nähten, an die Tausend Besucher kamen jeweils zu den Pilgergottesdiensten. Im Jahr 1894 begann man mit dem Bau einer Kirche aus Stein neben der Kapelle. Als Baudirektor fungierte Max Merkel, der auch das Neustädter Münster errichtete. Die Kirche im neuromanischen Stil ist noch heute ein Wallfahrtsort.

Die Erhebung, auf der sie steht, trug seit dem 11. Jahrhundert den Namen »Itirsne«, was »kleines Rinnsal« bedeutet, benannt nach einem Bach, der in der Nähe entspringt. Daraus entstand »Wittarsne« und schließlich »Witterschnee«, der rauen Witterung wegen.

Ein Stationenweg mit 14 Bildstöcken führt von Löffingen zum Schneekreuz, bietet sich also an, wenn man sich zu Fuß zur Kirche aufmachen möchte. Auch der europaweite Jakobsweg streift diesen Ort.

🖉 In unmittelbarer Nähe befindet sich das am Waldrand gelegene Waldbad Löffingen mit einer 41 Meter langen Erlebnisrutsche (07654/8266, Zufahrt über Welschland).

MAILÄNDER TOR /// MAIENLANDSTRASSE /// 79843 LÖFFINGEN ///
WEITERE INFORMATIONEN ERHÄLTLICH BEI DER TOURIST-INFORMATION
LÖFFINGEN /// RATHAUSPLATZ 14 /// 79843 LÖFFINGEN ///
0 76 52 / 120 60

MARKENZEICHEN DES STÄDTLES
Mailänder Tor, Löffingen

35

Löffingen umgab einst eine Stadtmauer mit drei Toren. Eines davon existiert heute noch: das Mailänder Tor. Ursprünglich war es viel kleiner und eigentlich kein richtiges Stadttor, sondern der Durchlass zu den Feldern und Gärten und in den Stadtwald. Dieser war so eng, dass kein beladener Heuwagen durchpasste. Außerdem floss der Stadtbach ungehindert mittendurch. Man überwölbte ihn 1832.

Das Bestehen des Tors ist seit 1580 belegt. Sein heutiger Name taucht erst 200 Jahre später auf. Was hatten die Löffinger mit den Mailändern zu schaffen? Nicht einmal Richtung Mailand öffnet sich dieses Tor. Tatsächlich ist gar nicht die Stadt in Italien gemeint. Man sprach im Volksmund in Bezug auf fruchtbar gemachte Wiesen und Felder vom »neie (neuen) Land«, später vom »Maienland«.

Rechts im alten Torbogen ist eine Wasserstandsmarke eingezeichnet. Sie erinnert an ein katastrophales Hochwasser von 1895. Die Geschichte, wie es entstand, ist kurios. Die Wassermassen des Stadtbachs rissen einen Misthaufen von außerhalb mit sich, dieser verstopfte das Tor. Als der Druck zu stark war, presste es den Dung wie ein Geschoss durch das Tor und das angestaute Gewässer zerstörte die halbe Stadt.

Bei einem Großbrand im Jahr 1921 trug das Tor starke Beschädigungen davon. Später wurde es größer und breiter und mit Durchgang für Fußgänger neu erbaut. Das Mailänder Tor ist das Markenzeichen von Löffingen. Es trägt die Wappen der einstigen Herren und Besitzer: des Klosters St. Gallen und der Grafen von Fürstenberg.

Das Tor hat auch ein Innenleben, seit einigen Jahrzehnten ist es die Heimat der *Laternenbrüder*. Damit ist eine der Löffinger Narrengruppen gemeint. Deren Zunftstube ist nicht nur Vereinstreffpunkt, sie bietet dem interessierten Besucher ein kleines Narrenmuseum.

✍ Das Heimatmuseum am Rathausplatz 14 erzählt unter anderem von der langen Besiedlungsgeschichte des Ortes.

DAS NANTELELOCH LIEGT IN DER MAUCHACHSCHLUCHT ZWISCHEN
79843 LÖFFINGEN UND DITTISHAUSEN. AB DER GRILLHÜTTE LÖFFINGEN,
BEIM HEILKRÄUTERLEHRPFAD, DEM WANDERWEG ZWEI KILOMETER
RICHTUNG UNADINGEN FOLGEN.

WEITERE INFORMATIONEN ERHÄLTLICH BEI DER TOURIST-INFORMATION
LÖFFINGEN /// RATHAUSPLATZ 14 /// 79843 LÖFFINGEN ///
0 76 52 / 1 20 60 ///

VERSTECK EINER KRÄUTERFRAU?

Nanteleloch in der Mauchachschlucht, Löffingen

36

Nur wenigen dürfte das Nanteleloch in der Mauchachschlucht bei Löffingen bekannt sein. Es ist eine Höhle unterhalb eines Felsvorsprungs, der steil zur Mauchach abfällt. Zu finden ist der Ort, wenn man den Heilkräuterpfad von Löffingen aus begeht und sich ab der Grillhütte Richtung Unadingen hält. Nach einem Kilometer besteht die Möglichkeit zu wählen, dem Weg am Bach entlang – Trittsicherheit ist erforderlich – oder durch den Wald einen weiteren Kilometer zu folgen. Ein kleines Schild weist dann nach rechts.

Was hat es mit dem Nanteleloch auf sich? Die Sagen, die sich um die Höhle ranken, sind nur in Bruchstücken erhalten: Es wird von einer Kräuterfrau – dem Wurwible – berichtet, die hier vor langer Zeit gehaust haben soll und noch als Geist umgehe. Im nahe gelegenen Dittishausen existiert sie heute als Fastnachtsfigur. Was den verstorbenen Löffinger Heilpraktiker und Kräuterexperten Peter Spiegel wohl zu seinem Roman *Nantele und die Kräutermarie* inspiriert hat.

Doch »Nantele« bezeichnete ursprünglich keinen Mann. Der Name hat eine sehr alte Bedeutung. »Nanto« ist Gallisch/Keltisch und heißt »Tal«, »nant« steht für »Bach«. Nantosuelta lautete der Name der keltischen Göttin der Fruchtbarkeit und Unterwelt. Er wird sinngemäß mit »die das Tal zum Erblühen bringt« übersetzt. Auch wenn bisher keine Funde gemacht wurden, die eine Verehrung im Schwarzwald eindeutig belegen, vermutet die Heimatforschung, dass man in der Vorzeit hier einen Eingang in die Unterwelt Nantosueltas glaubte.

Dass sich hinter der Öffnung im Fels ein Saal befindet, in dem die *Stockmihli Musikanten* – eine Musikgruppe aus dem benachbarten Bräunlingen – spielen könnten, wie im Volksmund behauptet wird, gehört ins Reich der Fantasie. Man muss bäuchlings hineinrutschen und nach zwei Mannslängen erreicht man schon das Ende der Höhle.

🖉 Die Gästeführerin und Kräuterpädagogin Gisela Schreiber bietet auf Anfrage Kräuterexkursionen zum Nanteleloch. Termine und mehr unter 0 76 54 / 92 16 44.

DAS TEUFELS LOCH VON 79843 LÖFFINGEN-UNADINGEN LIEGT IN DER
GAUCHACHSCHLUCHT UNTERHALB DER RUINE GRÜNBURG.

WEITERE INFORMATIONEN ERHÄLTLICH BEI DER TOURIST-INFORMATION
LÖFFINGEN /// RATHAUSPLATZ 14 /// 79843 LÖFFINGEN ///
0 76 52 / 1 20 60 ///

Zugegeben, man muss die Wutachschlucht gesehen haben. Sie ist wirklich beeindruckend. Sehr sehenswert ist jedoch auch deren idyllische Nebenschlucht: die viereinhalb Kilometer lange Gauchachschlucht. Ein kaskadenartiges Bachbett aus Muschelkalk zieht sich durch sie hindurch, und sie hat zu jeder Jahreszeit ihren Reiz. Nicht ungefährlich, dafür märchenhaft, zeigt sie sich im Winter mit ihrer bizarren Eislandschaft. Teilweise begrenzen meterhohe Felswände die Schlucht.

Dass sie nicht zu jeder Zeit friedlich ist, lässt sich im Teufels Loch erahnen. Hier, am Zusammenfluss von Gauchach und Balgenbächle unterhalb der Ruine Grünburg bei Unadingen, finden sich die Mauerreste einer einstigen Mühle. Was war geschehen? Nach einem schrecklichen Wolkenbruch im Sommer 1804 – der Müller weilte mit seiner Familie zur Wallfahrt in Löffingen – zerstörten die wilden Wasser Scheuer und Stall sowie große Teile der Mühle. Die Wogen müssen den siebenjährigen Sohn, den Kuhhirten und einen Lehrjungen, die zu Hause geblieben waren, mitgerissen haben. Ihre Leichen wurden nie gefunden. Der Müller ließ zum Dank der Errettung seiner restlichen Familie eine Kapelle am Berg zwischen Schlucht und Ruine Grünburg errichten. Später verlegte er seinen Hof oberhalb der Schlucht, weg vom Unglücksort.

Über 90 Jahre danach ging abermals ein heftiges Unwetter hernieder. Dem Bellen ihres Hundes war es zu verdanken, dass sich die nachfolgende Müllerfamilie in die Kapelle retten konnte. Sie hörten das Tosen und Krachen, und als das Gewitter nachließ, herrschte Totenstille im Mühlenloch. Die gegenüberliegende Felswand hatte die Wassermassen aufgestaut und alles unter sich begraben. Heute erinnern die Mauerreste daran, dass sich die Natur den Platz zurückerobert hat.

✍ Die kleine Kapelle, am Wanderweg zwischen Ruine Grünburg und Gauchach gelegen, steht offen und berichtet in Bildern und Worten von dem Unglück.

BIOROHKAFFEE AUS ALLER HERREN LÄNDER, BEREIT ZUR RÖSTUNG IN DER
HOCHSCHWARZWÄLDER KAFFEERÖSTEREI /// AM NUSSBERG 10 ///
79843 LÖFFINGEN-SEPPENHOFEN /// 01 73 / 8 40 33 67 ///
WWW.HOCHSCHWARZWÄLDER-KAFFEERÖSTEREI.DE ///

WEITERE INFORMATIONEN ERHÄLTLICH BEI DER TOURIST-INFORMATION
LÖFFINGEN /// RATHAUSPLATZ 14 /// 79843 LÖFFINGEN ///
0 76 52 / 1 20 60 ///

Fast jeden Samstag liegt ein besonderer Duft über dem Nußberg in Seppenhofen. Sie haben richtig geschnuppert, es ist Kaffee! Frisch geröstet, mitten im Schwarzwald. Heimisch sind die Bohnen hier nicht, wie Sie richtig vermuten. Joscha Krause war es anfangs genauso wenig. Der Schleswig-Holsteiner ist von Beruf Zimmermann. Traditionell absolvierte er seine Wanderjahre, die ihn in verschiedene Kaffeeanbaugebiete führten, denn Kaffee ist seine Leidenschaft.

In Seppenhofen, wohin ihn die Liebe verschlug, erfüllte er sich schließlich seinen Traum von einer eigenen Kaffeerösterei. Im Stall seines Bauernhofes steht seither statt Vieh eine Trommelröstmaschine. Fehlten noch die Bohnen.

Joschas Frau Sandra war vor einiger Zeit für ein soziales Projekt in Nepal tätig. Die Gastfreundschaft und bittere Armut gruben sich ihr tief ins Gedächtnis. Der Kontakt zur Gastfamilie riss nie ab, es entstand die Idee, fair gehandelten Kaffee aus biologischem Anbau aus dem Hochland Nepals zu beziehen. Die Bohnen kommen per Luftfracht von den Farmern. Das langsame Wachstum, die geringe Ausbeute ohne künstliche Düngung und die Ernte von Hand verteuern den Kaffee zwar, dafür zählt er zu den Spitzenkaffees im Geschmack und ist durch seine Säurearmut bestens verträglich. Durch diese Kooperation entstanden Arbeitsplätze für Generationen. Zusätzlich werden 2 Euro pro verkauftem Kilo an Kleinbauern in Nepal gespendet.

Neben Nepalkaffee liegen auf dem Boden Säcke aus Kolumbien, Indien, Mexiko, Peru und Honduras. Familie Krause achtet auf biologischen Anbau, soweit möglich, bei konventionellem Kaffee muss mindestens der faire Handel stimmen, um den Kleinbauern ein sicheres Einkommen zu gewähren. Ein wertvoller Beitrag zum Prädikat *Fairtrade-Town*, das Löffingen neben 450 anderen deutschen Städten auszeichnet.

Sie können den Kaffee über die Tourist-Info Löffingen und erlesene Cafés/Bioläden, beispielsweise Sesam Naturkost in der Scheuerlenstraße 22 in Titisee-Neustadt, beziehen.

ZUR ROSSHAG-DOLINE IN 79843 LÖFFINGEN-GÖSCHWEILER
ÜBER DIE L 170 FAHREN, ETWA 500 METER NACH DEM FRIEDHOF
RECHTS ABBIEGEN.

WEITERE INFORMATIONEN ERHÄLTLICH BEI DER TOURIST-INFORMATION
LÖFFINGEN /// RATHAUSPLATZ 14 /// 79843 LÖFFINGEN ///
0 76 52 / 1 20 60 ///

VON UNHEIMLICHEN LÖCHERN
Rosshag-Doline, Göschweiler

39

Es war am Nachmittag des 10. Januar 1954, als der Jäger Beck das Gelände Rosshag bei Göschweiler verließ. Plötzlich vernahm er hinter sich ein dumpfes Grollen. Als er sich umdrehte, lief ihm eine Gänsehaut über den Rücken. Wo er eben gestanden hatte, klaffte ein riesiges Loch; mit einer Tiefe von 38 Metern und einem Durchmesser von 16–18 Metern. Es war nicht der erste und nicht der letzte Einbruch in dieser Gegend, jedoch mit Abstand der größte. Durch nachrutschendes Gestein im Jahr 2000 ist die Doline heute nur noch 22 Meter tief.

Wie kann das passieren? Es liegt an den unterschiedlichen Gesteinsschichten und deren Verschiebung und Auffaltung durch die tektonischen Kräfte des Rheingrabens. Während an den höchsten Punkten im Südschwarzwald Granit und Gneis vorherrschen, sind es in den weiten Waldgebieten Buntsandstein und in der Baar Muschelkalk, was die Baar fruchtbarer macht. Die natürlich sauren Niederschläge verursachen feine Risse in den Kalkschichten, das Wasser staut sich auf der nächst unteren tonhaltigen Bodenschicht und fließt langsam ab. Es entstehen unterirdische Hohlräume. Werden diese zu groß, zum Beispiel durch leichtlösliche Gipslager in den Zwischenbereichen, bricht die Erde ein.

Im Jahre 2013 tat sich hinter einem Traktor fahrenden Landwirt ein 40 Meter tiefes Loch auf, es hatte eine Breite von 1,40 auf 0,80 Meter. Die Felder rund um Göschweiler sind also nicht ungefährlich. Das Öffnen der Erde kündigt sich, wie ein Erdbeben, mit einem tiefen Grollen an.

Die Rosshag-Doline kann gesichert durch einen Zaun besichtigt werden. Sie liegt nahe dem kleinen Sträßchen L170 zwischen Löffingen und Göschweiler, kurz hinter dem Friedhof von Göschweiler kommend auf der Anhöhe rechts. Ein Schild und ein Trampelpfad weisen den Weg.

In der nahen Wutachschlucht sind die verschiedenen Gesteinsschichten gut zu sehen. 180 Millionen Jahre Erdgeschichte auf einen Blick. Rundgang ab Wanderparkplatz Schattenmühle (Schattenmühle 1, Löffingen).

ST. ROCHUSKIRCHE /// ROCHUSWEG /// 79843 LÖFFINGEN-
GÖSCHWEILER ///

WEITERE INFORMATIONEN ERHÄLTLICH BEI DER TOURIST-INFORMATION
LÖFFINGEN /// RATHAUSPLATZ 14 /// 79843 LÖFFINGEN ///
0 76 52 / 1 20 60 ///

VOM WEHRTURM ZUM KIRCHTURM
St. Rochuskirche, Göschweiler

40

Das bescheiden daherkommende Kirchlein St. Rochus in Göschweiler hat eine weit zurückreichende Geschichte. Denn die Entstehung des ursprünglichen Gotteshauses geht in die Zeit der alemannischen Christianisierung zurück.

834 wird die Kirche zu Cozcerisvilare – Göschweilers damaliger Name – in einer klösterlichen Urkunde erstmals genannt. Um das Jahr 1000 wurde – vermutlich auf den Grundmauern der alten Kirche – ein Wehr- und Wachturm aufgestellt, denn unten in der Wutachschlucht querte bei Stallegg ein Handelspfad, der nach Göschweiler führte und nicht nur friedliebendes Händlervolk anlockte. Als das Adelsgeschlecht Blumegg die Herrschaft über das Gebiet innehatte, baute sie den Wehrturm zum Kirchenturm um. Zur Überwachung dürfte stattdessen nun ihre Burg über der Schlucht genutzt worden sein.

Im 14. Jahrhundert ging die Kirche als Geschenk an das Johanniterkloster Villingen. Ab 1508 war sie Filialkirche von Löffingen, man erneuerte das alte Gebäude und weihte sie dem Heiligen Rochus. Doch wie kam man nach 700 Jahren Kirchengeschichte auf die Idee, sie einem Heiligen zu weihen? Es war die Zeit der Pest und Viehseuchen. Rochus aus Montpellier heilte im 14. Jahrhundert der Legende nach viele Pestkranke auf seiner Pilgerreise nach Rom. Er soll sie nur mithilfe des Kreuzzeichens geheilt haben. Rochus ist im ehemaligen Wappen von Göschweiler zu finden. Heute ist der Ort zu Löffingen gehörend.

Im 18. Jahrhundert, als die Bevölkerung anwuchs, reichte der Platz des Kirchleins nicht mehr, sodass 1918 die neue Kirche, oben im Dorf, deren Dienste übernahm. St. Rochus drohte der Abriss. 1955 erfuhr sie eine Renovierung, und 1995 gestaltete sie der Kunstmaler Johannes Dörflinger zu seinem Atelier um. Er öffnet regelmäßig die Pforten für Veranstaltungen wie Konzerte und Ausstellungen.

✍ Folgen Sie dem Stallegger Weg von der Ortsmitte Göschweilers in die Wutachschlucht, dort gibt es neben der Ruine den alten Handelsübergang und ein Flusskraftwerk zu entdecken.

DIE WANDERROUTE DURCH DIE HASLACHSCHLUCHT BEGINNT IN DER
ORTSMITTE VON 79853 LENZKIRCH, GEHT VORBEI AN HÖLLOCH- UND
RECHENFELSEN UND FÜHRT BIS ZUR WUTACH-EINMÜNDUNG.

WEITERE INFORMATIONEN ERHÄLTLICH BEI DER TOURIST-INFORMATION
LENZKIRCH /// AM KURPARK 2 /// 79853 LENZKIRCH ///
0 76 52 / 120 60 ///

KLEINE SCHWESTER DER WUTACHSCHLUCHT
Haslachschlucht, Kappel

41

Die Haslachschlucht, ein Nebenarm der Wutachschlucht, ist nicht weniger reizvoll als die Hauptschlucht. Der *Schwarzwald-Querweg Freiburg-Bodensee* und der Schluchtensteig, beides mehrtägige Wanderstrecken, führen über Tiefen und Höhen des Südschwarzwaldes und auch durch die Haslachschlucht.

Teilweise ist der Flusslauf der Haslach so schmal, dass man auf Felsvorsprünge ausweichen muss. Rechenfelsen und Hölllochfelsen heißen zwei Giganten, von denen aus man die Schlucht von oben betrachten kann. Durch die Enge des Rechenfelsens zwängen sich die Wassermassen mit Getöse. Trittsicher sollte man sein, um hochzusteigen und zu sehen, wie sich das kühle Nass durch dieses Nadelöhr drückt. Dass das Wasser es nach Jahrmillionen noch nicht geschafft hat, den Fels stärker abzuschleifen, liegt im Gestein begründet. Porphyr gilt als extrem hart. Es ist ein vulkanisches Gestein, eigentlich ein Gemenge, für gewöhnlich mit einer quarzhaltigen Zusammensetzung und einem hohen Anteil an Feldspaten.

Die Haslachschlucht war lange Zeit verwildert und unpassierbar, bis vor einigen Jahren schließlich die Wege ausgebaut wurden. Heute hat man mehrere Möglichkeiten die Schlucht zu begehen: wahlweise von Lenzkirch, Kappel und Neustadt. Will man gleich zwei Schluchten meistern, bietet es sich an, von Rötenbach aus durch die gleichnamige Rötenbachschlucht hinunterzugehen, dann die Wutach zu queren und auf der anderen Seite hinauf zur Haslach bis nach Lenzkirch zu wandern. Ab der Haslachmündung nennt sich übrigens der von Neustadt kommende Fluss Gutach – was so viel bedeutet wie die »gute Ach« – nun Wutach –, gemeint ist die »wütende Ach«. Wobei »Ach« das keltische Wort für fließendes Gewässer ist. Mit »wütend« ist die nun schnellere Fließgeschwindigkeit, bedingt durch den Zufluss der beiden Nebenschluchten Haslach und Rötenbach, gemeint.

Ein Tipp für Radfahrer: Zwischen Kappel und der Haslachschlucht hindurch führt der wunderschöne Bähnle-Radweg nach Bonndorf. Startpunkt ist der Bahnhof Neustadt.

DER GEOPARK BEFINDET SICH IN DER SCHLIECHTSTRASSE GEGENÜBER
DEM SPORTPLATZ VON 79853 LENZKIRCH.

SCHWENDEHOF /// CHRISTOPH SCHÄFER /// 79853 LENZKIRCH ///
0 76 56 / 5 65 /// WWW.SCHWENDEHOF.DE ///

STEINREICH
Geopark, Lenzkirch

42

Folgt man in der Ortsmitte von Lenzkirch der Ausschilderung des Fernwanderwegs Schluchtensteig, erreicht man eine kleine Anhöhe, von der aus ein wunderschöner Blick auf das Städtchen für die Mühe entlohnt. Neben einem Pavillon mit schattigem Rastplatz liegen mehrere Felsbrocken am Wegrand. Beim näheren Hinschauen erkennt man eine ganze Palette unterschiedlicher Gesteinsarten. Weil nicht jeder von uns ein Geologe ist, zeigt eine Schautafel beim Geopark, wie es zu der Vielfalt der Schroffen in dieser Gegend kommt.

Oberrheingrabenbruch – dieser Ausdruck dürfte manchem aus der Schulzeit noch im Hinterstübchen sitzen. Der Bruch, an dessen tiefster Stelle heute der Rhein verläuft, entstand vor 50 Millionen Jahren und ist bis heute in Bewegung. Dadurch wölben sich Erdschichten, die sich im Laufe von Jahrmillionen gebildet haben, reißen auf und kippen und bringen so verschiedenste Geröllanteile ans Tageslicht.

An manchen Stellen wurden die Geoparksteine geschliffen, um die Feinheit der Linien und Einschlüsse der Konglomerate – mehrere zusammengepresste Anteile – besser zu sehen. Granit, ein magmatisches Tiefengestein mit diversen Mineralien, hat durch seine Glimmeranteile einen edlen Glanz. Benetzt man die präparierten Stellen, kommen sie noch schöner zum Vorschein.

Wer sich nicht für Geologie interessiert, kann diesen sonnigen Platz trotzdem genießen, denn hier lockt eine besondere Bank. Der Schwarzwaldverein hat eine Alukiste mit Lesematerial aufgestellt. Jeder darf sich dort bedienen, etwas mitnehmen, etwas anderes hineinlegen. Halten sich alle daran, ist die Kiste stets gefüllt. Bitte kein Altpapier wie Tageszeitungen und Prospekte entsorgen!

🗹 Sollten Sie den Geopark in die Begehung des Schluchtensteigs einbinden, kommen Sie im Laufe der Wanderung am Schwendehof mit seinen leckeren Bioprodukten vorbei.

DIE BRUNNENSCHALEN BEFINDEN SICH VOR DEM RATHAUS ///
KIRCHPLATZ 1 /// 79853 LENZKIRCH ///

WINTERBERGHOF /// THOMAS MATT /// LENZKIRCHERWEG 14 ///
79868 FELDBERG / FALKAU /// WWW.THOMASMATT.DE ///

Nach einer Radtour in das Haslachstädtchen Lenzkirch setze ich mich in ein Café am Vorplatz von Kirche und Rathaus und gönne mir einen Eiskaffee. Versonnen schaue ich dem plätschernden Wasser in einigen Metern Entfernung zu. Von einem unsichtbareren Mechanismus gesteuert füllen die beiden Schalen sich zeitlich versetzt mit Wasser, das anschließend langsam in ein Becken ausgekippt wird. Kleine Kinder haben dabei besonders ihre Freude und warten gespannt auf das sich ergießende Nass. Ein schönes Schauspiel.

Das Kunstwerk stammt von dem Falkauer Bildhauer Thomas Matt und heißt »Begegnung«. Die Schalen sind aus hellem Granit, einem hier beheimateten Gestein, und wiegen jeweils eine halbe Tonne. Sie spielen in ihrer Form auf die Rosette in der Kirchenfassade dahinter an. Zwei gebogene Stahlelemente tragen die Schalen, die je ein Fassungsvermögen von 50 Litern haben. Haben sie sich gefüllt, lässt ein versteckter Stellmotor die Schalen sich neigen. Als Zuschauer könnte man meinen, sie kippen durch die Schwerkraft. Thomas Matt erinnert damit an die 16 Mühl- und Mahlwerke in und um Lenzkirch, bei denen Wasser das antreibende Element war. Der auslösende Mechanismus verweist auf das Schwarzwälder Tüftlertum, aus dem die Handwerkskunst der Uhrenfabrikation und später moderne Betriebe wie Testo, Mesa Parts, Atmos und Kadus hervorgingen. Alles bekannte Lenzkircher Unternehmen mit langer Tradition. Das plätschernde Wasser soll zudem auf die Kur- und Heilbäder des Haslachstädtchens hinweisen.

Die Passanten sind weg. Mein Eisbecher ist leer. Ich bezahle, stehe auf, setze mich auf die Bank direkt vor dem ungewöhnlichen Brunnen und schaue dem von neu beginnenden Spiel gebannt zu. Eine Wassermeditation mitten auf dem Rathausplatz, ganz ohne Yogamatte.

✿ Werke von Thomas Matt können beim Winterberghof in Falkau bestaunt werden. Hat die Werkstatt geschlossen, stehen Exponate im Freien.

BLICK HINAUF ZUM EHEMALIGEN BERGFRIED DER RUINE ALT-URACH.
SIE BEFINDET SICH IN DER FREIBURGER STRASSE BEIM FREIBAD VON
79853 LENZKIRCH.

PRIVATBRAUEREI ROGG KG /// FAMILIE ROGG ///
BONNDORFERSTRASSE 61 /// 79853 LENZKIRCH /// 0 76 53 / 7 00 ///
WWW.BRAUEREI-ROGG.DE ///

ZEITZEUGEN
Ruine Alt-Urach, Lenzkirch

44

Außerhalb des Haslachstädtchens Lenzkirch, Richtung Freischwimmbad, ragt an der Straße B 315 nach Saig ein altes Gemäuer auf: die Burgruine Alt-Urach. Auf einem Bergsporn steht sie über dem Flüsschen Haslach. Erbaut wurde sie zwischen 1225 und 1239 von den Herren zu Urach, einem Dienstmannengeschlecht der Grafen von Urach. Heute sind nur noch Teile der Ringmauer und eine Ecke des ehemaligen Bergfrieds mit einer Höhe von circa 8 Metern erhalten. Der gesamte Südteil der Anlage ist in der Vegetation verschwunden, teilweise noch unter der Erde existent. Der Halsgraben befand sich dort, wo nun die Straße ist. Den ursprünglichen Zugang gibt es nicht mehr.

Die Grafen von Urach waren ein weitverzweigtes schwäbisches Adelsgeschlecht, das seinen Ursprung in Urach hatte, heute Bad Urach – nicht zu verwechseln mit dem Schwarzwaldtal Urach bei Hammereisenbach. Sie beherrschten die Gegend im 12. bis 13. Jahrhundert, ihre Nachkommen gingen zusammen mit dem im Mannesstamm ausgestorbenen Geschlecht der Zähringer in den Fürstenbergern auf.

Lange her; 1218 war das. Die Familie der Fürstenberger herrschte die folgenden Jahrhunderte im Südschwarzwald bis zur Gründung des Großherzogtums Baden. Sie residiert heute noch, ohne politische Funktion, im Schloss zu Donaueschingen.

Bleiben wir bei der Ruine Alt-Urach: Sie ging im 14. bis 15. Jahrhundert an die Ritter von Blumegg. 1491 verkauften diese die Burg an die Grafen von Fürstenberg. Sie wurde als Burgstall bezeichnet, was bedeutet, dass sie zu dieser Zeit schon verfallen war. Wahrscheinlich ist die Anlage, wie andere Burgen der Umgebung auch, im Bauernkrieg 1525 zerstört worden und diente seinerzeit nur noch als Steinbruch. 1972 ging die Ruine an die Gemeinde Lenzkirch über. Die Mauerreste wurden 1995/96 saniert.

🍺 Sie wollen zechen wie die alten Rittersleut? Buchen Sie frühzeitig einen Bierbraukurs bei der Brauerei Rogg am anderen Ende des Städtchens!

BLICK VOM BILDSTEIN AUF DEN SCHLUCHSEE. DER AUFSTIEG ZUM BILD-
STEIN VON 79853 SCHLUCHSEE-UNTERAHA STARTET HINTER DEM HOTEL
AUERHAHN (VORDERAHA 4, 79859 SCHLUCHSEE).

WEITERE INFORMATIONEN ERHÄLTLICH BEI DER TOURIST-INFORMATION
SCHLUCHSEE /// FISCHBACHER STRASSE 7 /// 79859 SCHLUCHSEE ///
0 76 52 / 1 20 60 ///

DER ENERGIEBERG
Bildstein, Schluchsee

45

Vom Ufer des Schluchsees aus muss man suchen, wo sich das kahle Felsplateau des Bildsteins befindet, von unten sieht man es kaum. Der Berg ist bewaldet bis auf den Gipfel. Mit 1.136 Meter ist er nicht gerade hoch, auf den ersten Blick nicht auffallend. Zahlreiche Wanderwege haben diesen Aussichtspunkt zum Ziel, auch der Fernwanderweg Schluchtensteig und der Jägerpfad führen über ihn. Der schnellste und steilste Aufstieg beginnt nahe dem *Bahnhof Aha*, hinter dem Hotel Auerhahn. An einem schönen Aussichtspunkt kurz vor dem Gipfel steht ein großer Stein, möglicherweise ein vorchristliches Wegzeichen zu einem besonderen Ort? Schauen wir, wohin er uns führt, und steigen weiter zum höchsten Punkt, die letzten Schritte gehen wir auf in den Fels geschlagenen Stufen. Es fällt auf, dass das Gestein hier oben ungewöhnlich dunkel ist, außerdem so glatt, dass man bei nasser Witterung Gefahr läuft auszurutschen.

Der Gipfelplatz besteht aus Tonschiefer und ist 400 Millionen Jahre »jung«. Jung, da das Grundgebirge des Schwarzwaldes, das überwiegend aus Granit und Gneis besteht, über 200 Millionen Jahre älter ist. Eine Zeitspanne, die wir uns kaum vorstellen können. Normalerweise wurden mit der Hebung des Schwarzwaldes die jüngeren Schichten abgetragen. Somit ist der Ort geologisch eine Besonderheit. Er besteht überdies aus dem gleichen Gestein wie der Loreleyfels im Mittelrhein. Man vermutet, dass sich hier in der Vorzeit ein Kultplatz befand. Von besonderer Energie wird berichtet. Sie soll sich positiv auf den Erholungssuchenden auswirken.

Der Bildstein ist ein wunderschöner Aussichtsplatz mit Blick auf den Schluchsee, das ehemalige Glasmacherdorf Äule, den Feldberg und in der entgegensetzten Richtung auf die Alpen. Ein Ort zum Verweilen und Auftanken.

✍ Die Broschüre *Felsen und Blockhalden* informiert über die geologischen Besonderheiten des Naturparks Südschwarzwald, erhältlich bei der Tourist-Information Schluchsee.

KOSTENFREIE PARKPLÄTZE FÜR EINEN SPAZIERGANG AM SCHLUCHSEE
FINDEN SICH VOR DER TOURIST-INFO IM KURHAUS /// FISCHBACHER
STRASSE 7 /// 79859 SCHLUCHSEE /// 0 76 52 / 1 20 60 ///

VOM GLETSCHERSEE ZUM STAUSEE
Der Schluchsee

46

Erst auf den zweiten Blick sieht man, dass der größte See des Schwarzwaldes nicht nur ein Bade-, sondern zudem ein Stausee ist. Ursprünglich ein Gletschersee, lag dessen Wasserspiegel rund 30 Meter unter dem heutigen.

In den Jahren 1929 bis 1932 wurde die 63,5 Meter hohe Staumauer erbaut. Um den Natursee für die Bauarbeiten 13 Meter abzusenken, sprengte man den ihn begrenzenden Fels. Hierbei kam in den untersten Torfschichten ein Einbaum zum Vorschein, der belegt, dass Ureinwohner den See schon 650 n. Chr. befahren haben. Das Boot kann im Archäologischen Landesmuseum Baden-Württemberg in Konstanz bestaunt werden. Besagte Torfschichten werden heute noch bei Niedrigwasser sichtbar.

Der Schluchsee ist ein Wassersportzentrum und zugleich einer der saubersten Badeseen Deutschlands. Um ihn zu Fuß oder mit dem Rad zu umrunden, braucht es schon etwas Fitness, denn die Strecke beträgt knapp über 18 Kilometer. Alljährlich wird der Schluchseelauf rund um den See ausgelobt. Genießer kürzen die Strecke mit dem Besucherboot ab, das an verschiedenen Punkten anlegt. So kann der See für alle zum Erlebnis werden.

Fast vergisst man dabei den eigentlichen Zweck des Staubeckens. Es ist eines von drei Stationen der Schluchsee-Pumpspeicherkraftwerke. Das Wasser strömt vom Schluchsee über Häusern und Witznau in den Rhein bei Albbruck. Dabei überwindet es ein Gefälle von 610 Metern und erzeugt jährlich 520 Millionen Kilowattstunden Strom. Es ist nicht so, dass dies ein Reingewinn wäre. Im Gegenteil, der Schluchsee dient als Energiespeicher, um Stromschwankungen auszugleichen. Bei Stromüberangebot wird Wasser aus dem Rhein hochgepumpt und bei Bedarfsspitzen die Energie durch Hinunterfließen erneut gewonnen. Ehrlich, hätten Sie in diesem idyllischen Schwarzwaldsee den größten Wasserkraftkomplex in Deutschland vermutet?

🐾 Das Kraftwerk Häusern, Schwarzabruck 2, bietet kostenfreie geführte Besichtigungen. Näheres unter 0 77 63 / 9 27 80.

Bauernhof erlebbar machen, nach diesem Motto begann die Familie Heizmann in Schwärzenbach auf dem Haberjockelshof mit diversen Spielen und Aktionen, um ihren Feriengästen etwas nicht Alltägliches bieten zu können. Daraus ist eine eigene Geschäftsidee geworden.

Was auf dem Haberjockelshof schon fast Tradition ist, hat seit einiger Zeit auch in Schluchsee Fuß gefasst. In der Fischbachstraße vor dem Ortskern, kann man die tollsten Dinge ausprobieren: Ein Bereich ist der Rodelpark mit einer Tubingbahn, einer Zipfelbobpiste und Kuhfladenrodel. Das Alter der Gäste spielt hier keine Rolle, denn sie werden mit dem Förderband die sanfte Anhöhe hinaufgezogen. Spaß garantiert! Ebenso lässt sich erfahren, was Fußball-Golf ist. Segway-Fahren ist in einem Parcours möglich, selbstverständlich mit Anleitung und Helm. Wer wissen will, wie sich Obelix beim Hinunterrollen auf einer Wiese gefühlt haben muss, kann in einen der runden Loopy-Bälle schlüpfen und es testen. Außerdem gibt es einen riesigen begehbaren Billardtisch, auf dem man die Kugeln mit dem Fußball versenkt.

Im *Spass-Park Hochschwarzwald* lässt sich ein herrlicher Tag mit der Familie, der Schulklasse oder dem Betriebsausflug verbringen. Es gibt vieles zu entdecken, egal, ob im Sommer oder Winter. Die Spiele sind witterungstauglich, und sollte man sich doch einmal aufwärmen oder eine Pause machen wollen, kann man das in einer der kleinen geschlossenen Grillhütten sowie in der wundervoll dekorierten Caféscheune tun, die seit Mai 2018 verfügbar ist. An ausgewählten Sonntagen wird auf Anmeldung ein regionales Frühstück geboten. Außerdem ist ein kleiner, aber feiner Bauernmarkt an den Park angeschlossen. Käse oder Wurst, Handwerkskunst, witzige Taschen oder Bilder, hier findet jeder etwas für sich oder die Lieben daheim.

☞ Im Anschluss an den *Spass-Park* zur Ortsmitte hin, bietet das Eiszeitrelikt Scheibenfelsen mit Pavillon einen wundervollen Blick auf den See.

DEN RIESENBÜHLTURM IN 79859 SCHLUCHSEE ERREICHT MAN IN EINER HALBSTÜNDIGEN WANDERUNG AB DEM TENNISPLATZ OBERHALB DES HOTELS VIER JAHRESZEITEN (AM RIESENBÜHL 4), RICHTUNG DRESSELBACH.

HOTEL SCHIFF AM SCHLUCHSEE /// KIRCHPLATZ 7 /// 79859 SCHLUCHSEE /// 0 76 56 / 9 75 70 /// WWW.HOTEL-SCHLUCHSEE.DE ///

FREIE SICHT BIS ZU DEN ALPEN

Riesenbühlturm, Schluchsee

Eine wundervolle Möglichkeit den Schluchsee und seine Umgebung im Ganzen und von oben zu sehen, bietet sich nach einer etwa einstündigen Wanderung ab dem Bahnhof Schluchsee, vom Riesenbühlturm aus. Er steht auf 1.100 Meter, auf dem höchsten Punkt des gleichnamigen Bergs. Wer den Weg durch Schluchsee nicht gehen will, hat die Möglichkeit Richtung Dresselbach zu fahren und das Auto oberhalb des Ortes am Parkplatz bei den Tennisplätzen abzustellen. Folgen Sie dem beschilderten Waldweg Richtung Vogelhaus. Die Abbiegung nach links nicht verpassen, ab jetzt geht es stetig bergauf, in einer guten halben Stunde haben Sie es geschafft.

Auf Anregung des Naturparks Südschwarzwald entstand der Turm 2001. Er fußt auf einem stabilen Grundgerüst aus Douglasien, einem Geschenk der Stadt Freiburg. Dadurch trotzt er jedem Orkan. Das ist wichtig, bedenkt man, dass sein 1931 errichteter Vorgänger im April 1945 bei einem Sturm in die Knie gegangen ist. Der ursprüngliche Turm war mit 25 Metern Gesamthöhe kleiner, aber ebenfalls aus heimischem Holz.

Wir sind am Gipfel angekommen, der Erstürmung des Turms steht nichts mehr im Weg. Kamera nicht vergessen! Schwindelfrei? Zu empfehlen, denn durch die Gittertreppen kann man hindurchsehen. Mir ist leicht mulmig. Wie viele Stufen es bis oben sind? Das wird nicht verraten und könnte eine Wettaufgabe für Sie und Ihre Kinder sein. Der Turm ist 36,5 Meter hoch, und 25 Meter sind es bis zur Plattform. Dann mal los!

Oben angekommen verzaubert ein atemberaubender Rundumblick über die Schwarzwaldtäler und den Schluchsee. Bei guter Wetterlage sind die Schweizer Alpen zu erkennen. Eine Karte mit dem Bergpanorama befindet sich am Geländer.

Eine kleine Schutzhütte am Fuß des Turms, Tische und Bänke bieten Platz für eine verdiente Vesperpause nach dem Aufstieg.

Vesper vergessen? Kein Problem, gute Schwarzwälder Kost mit Seeblick bietet das *Hotel Schiff am Schluchsee* in der Ortsmitte von Schluchsee.

DAS DAMPFROSS SCHNAUFT

Die Endstation des ehemaligen Fernexpress Altona–Seebrugg liegt am hinteren Teil des Schluchsees, wo heute noch der Interregio von Freiburg kommend endet, in Seebrugg. Wer hinter Seebrugg eine Stadt, wie Hamburg-Altona im Norden, vermutet, liegt falsch. Die Gleise verlaufen sich im freien Gelände; es gibt keinen Ort, nur einen Bahnhof im Charme der 50er-Jahre, als sei die Zeit stehen geblieben. Das ist sie in der Tat, oder sollte man besser sagen, sie wurde reaktiviert?

Als 2008 die alten Anlagen hinter dem Bahnhof komplett abgerissen werden sollten, formierte sich ein Verein, die *Interessengemeinschaft 3-Seenbahn*, zu deren Erhaltung. Die Idee eines Museeumsbahnhofs entstand. Seither wird von Eisenbahnfreunden ehrenamtlich für dieses Ziel gesammelt und gearbeitet. So blieb der alte Lokschuppen erhalten, genauso wie die Einrichtungen einer Gleiswaage und die Laderampe. Denn hier wurden einst Waren aus den Schwarzwald wie Holz, Kohle und Bier aus Rothaus verladen und in die weite Welt entsandt. Kohle- und Wasserturm, für die Dampflok unverzichtbar, entstehen wieder.

Bereits umgesetzt wurden die Pläne einer Museumsbahn, die zwischenzeitlich ab Ende Mai bis Anfang September und nach Weihnachten bis Neujahr verkehrt. In nostalgischen Zügen, aus der Zeit von 1945–1960, kann die Strecke Seebrugg–Titisee befahren werden. In gemächlichem Tempo geht es vorbei am Schluchsee und dem Windgfällweiher zum Titisee. Es ruckelt und dampft, die Bänke sind aus Holz und unbequem, was dem Erlebnis keinen Abbruch tut, im Gegenteil. Gute Stimmung herrscht unter den Ausflüglern. Es wird gefachsimpelt, fotografiert und die traumhafte Landschaft genossen, die langsam vorbeizieht. Manch einer wagt sich hinaus auf den Balkon zwischen den Wagen, schöner noch am Endwaggon.

Als gelungener Abschluss Ihres Ausflugs bietet sich eine Bootsfahrt auf dem Titisee an. Rundfahrten starten in der Seestraße gegenüber dem Restaurant Bergsee.

DER BONNDORFER PFLUMESCHLUCKER IST DAS GANZE JAHR ÜBER ANZUTREFFEN IM FASNACHTSMUSEUM SCHLOSS-NARRENSTUBEN /// SCHLOSSSTRASSE 9 /// 79848 BONNDORF /// 0 77 03 / 2 33 ///

JAPANISCHER GARTEN /// SCHWIMMBADSTRASSE 3 /// 79848 BONNDORF /// 0 77 03 / 76 07 ///

BAINS.LES.BAINS
BONNDORF

ALEMANNISCHE FASNET
Fasnachtsmuseum Schloss-Narrenstuben, Bonndorf

Das Bonndorfer Schloss, gebaut vom Freiherr von Mörsberg, ist heute eine Narrenhochburg. Hier herrscht das ganze Jahr über Fasnet, wie die »Fastnacht« in der Region genannt wird. In 15 Zimmern des über 400 Jahre alten Schlosses findet jeder Narr, was sein Herz begehrt.

Die Fasnet als solche wurde im 13. Jahrhundert erstmals erwähnt und orientierte sich ursprünglich am Wilden und Animalischen. Im 15. Jahrhundert entwickelte sich das Fest zu einer Veranstaltung für Betuchte und distanzierte sich damit von der Straßenfastnacht des Volkes.

Ein Handwerkzunftbuch belegt, dass in Bonndorf schon im Jahr 1765 Fastnachtsmasken, sogenannte Schemen, hergestellt wurden. Der Pflumeschlucker entstand Anfang des 20. Jahrhunderts und ist die mit 450 Mitgliedern größte Zunft der Umgebung. Laut einer mittelalterlichen Überlieferung sollen die Bonndorfer die ersten Pflaumen, als diese ihren Weg in den entlegenen Schwarzwald fanden, mit Stiel und Stein »verschluckt« haben. Und wer ein echter Schwarzwälder ist, der nimmt sich gerne selbst aufs Korn, bevor es andere tun.

Ursprünglich waren die Masken glatt und dezent bemalt. Sie ähnelten ihren Vorbildern aus der Barockzeit, die von Venedig über Tirol in den Schwarzwald gelangt waren. Heute besinnt man sich überwiegend der Urgestalten aus den Sagen der Wälder. Die Masken sind alle handgeschnitzt und aus heimischem Gehölz gefertigt. Ihre Farbgebung ist kräftiger und die Gesichter ausdrucksstärker.

Lassen Sie sich mitnehmen in die Welt der über 400 originalgetreuen Miniaturnarren. Eingebettet in ihr Umfeld tanzen beispielsweise die Hexen um das Feuer, reiten die elf Räte auf einem Baumstamm, laufen die Hemdglunki mit Laternen durch die nächtliche Stadt. In den Kellerräumen hängen um die 300 Masken an den Wänden und beäugen schelmisch den Besucher.

✍ Suchen Sie nach den wilden Fratzen nach Erholung und Ruhe, ist der Japanische Garten nebenan das Richtige.

BRAUKESSEL DER BADISCHEN STAATSBRAUEREI ROTHAUS ///
ROTHAUS 1 /// 79865 GRAFENHAUSEN /// 0 77 48 / 5 22 96 00
(FÜHRUNGEN) /// WWW.ROTHAUS.DE ///

HEIMATMUSEUM HÜSLI /// HÜSLI 1 /// 79865 GRAFENHAUSEN ///
0 77 48 / 2 12 ///

VON DER QUELLE ZUM BIER

Welcher Biertrinker kennt nicht den Trinkspruch »Hopfen und Malz, Gott erhalt's«! Er kommt nicht von ungefähr, sind doch Klosterbrüder bekannt als die Urväter der Brauereien. Bei der Gründung von Rothaus war das Benediktinerkloster St. Blasien die treibende Kraft. Grafenhausen mit seinen sieben Quellen schien der ideale Ort zu sein, um eine Brauerei anzusiedeln, was auch 1791 durch den Abt von St. Blasien geschah. Nach der Säkularisation fiel Rothaus dem Herzogtum Baden zu, heute ist es ein staatlicher Betrieb.

Im oben genannten Sinnspruch werden die wichtigsten Zutaten von Bier aufgezählt. Neben Hopfen und Malz braucht es nur noch Wasser und Hefe. Das Wasser stammt heute noch aus den sieben Quellen. Das Malz wird aus gekeimter Gerste gewonnen und von den umliegenden Landwirten erzeugt. Hopfen wächst nicht in den Höhenlagen und wird deshalb aus dem Bodenseeraum geliefert. Bleibt noch die Hefe, die die Bierwürze zum Gären bringt. So entstehen aus Malzzucker Alkohol und Kohlensäure. Die dabei verwendeten Hefestämme werden an der TU Weihenstephan gezüchtet, denn jede Biersorte braucht eine spezielle Reinkulturhefe, die nicht mit anderen Sorten verunreinigt werden darf. Fertig ist das Bier, ohne chemische Zusätze, nach dem über 500-jährigen deutschen Reinheitsgebot.

Lassen Sie sich von einem Gästeführer in die Welt des Bieres entführen. Im Kesselhaus empfängt Sie der malzige Duft, unterwegs können Sie an der *Körnerbar* die verschiedenen Ausgangsgetreidearten probieren. Historische Gerätschaften wie modernste Brauereitanks bis zu der Abfüllanlage geben einen Einblick in den Brauereialltag. Ja und zum Schluss sollten Sie die Produkte auch kosten.

Wussten Sie, dass man aus denselben Zutaten nicht nur Bier brauen, sondern durch Destillation sogar Whisky herstellen kann?

🖎 Gegenüber von Rothaus ist ein herrschaftliches Haus aus dem Jahr 1912 zu bewundern: das Heimatmuseum Hüsli. Schwarzwaldklinik-Fans erkennen in ihm sicher das Wohnhaus von Professor Dr. Brinkmann!

EIN KUCKUCKSNEST ZUM TASTEN IM SCHWARZWALDHAUS DER SINNE ///
SCHULSTRASSE 1 /// 79865 GRAFENHAUSEN /// 0 77 48 / 5 20 48 ///
WWW.SCHWARZWALDHAUSDERSINNE.DE ///

HALLENBAD BLUBB /// HAUS DES GASTES /// SCHULSTRASSE 1 ///
79865 GRAFENHAUSEN /// 0 77 48 / 5 20 44 ///

GUGGE, MACHE, WUNDERFITZE

Schwarzwaldhaus der Sinne, Grafenhausen

52

Noch mal auf Deutsch: sehen, handeln, neugierig sein. Klingt nach Aktivität, und das erwartet den Besucher dann auch im Schwarzwaldhaus der Sinne: Man soll aktiv werden, mit allen Sinnen die Umwelt erfassen. Ein Mitmachmuseum. »Aha«, werden Sie sagen, »Kindergartenpädagogik, aus dem Alter bin ich raus.« Wetten, Sie machen mit? Können Sie über Glasscherben laufen – barfuß, versteht sich? Sich im Dunkelgang orientieren? Gibt es Blumen, die falsche Düfte aussenden? Trauen Sie sich, Dinge in Kuckucksnestern zu erfühlen, ohne zu wissen, was Sie erwartet? Durch optische Täuschung können Sie Dinge wahrnehmen, die es so nicht gibt. Sogar Töne werden sichtbar gemacht. Spielen Sie auf der übergroßen Geige und beobachten Sie Metallspäne, die durch die Schallwellen zu tanzen beginnen. Nebenbei erfahren Sie, dass Grafenhausen die Wiege des Alemannischen Geigenbaus ist.

Gelingt es Ihnen, durch Reibung eine Wasserschüssel so weit in Schwingungen zu versetzen, dass nicht nur ein Ton, sondern ein Springbrunnen entsteht? Gut, es braucht ein wenig Übung. Ein Tipp: Der Ton muss tief sein. Es hilft, die Handflächen abzurunden. Nach drei Versuchen habe ich es geschafft!

Im Schwarzwaldhaus der Sinne wird außerdem dem Rätsel der Zeit nachgegangen. Was ist Zeit? Wussten Sie, dass der Mensch keinen »Zeitsinn« hat und er sich deshalb an Abläufen (Tag/Nacht) orientieren muss? Dass, wer versucht Zeit zu sparen, sie verliert? Warum meinen wir, dass sie immer schneller vergeht?

Nebenbei werden Sie im Raum des Fühlens den Fasnetsfiguren des Rothauserlandes begegnen, wie sich die Gegend um Grafenhausen nennt. Sie verstecken sich im Indoor-Wald. Der Maskenschnitzer Simon Stiegeler war hier tätig.

✍ Noch ein Programmpunkt für einen Schlechtwettertag: Badehose mitnehmen, im Untergeschoss des Schwarzwaldhauses befindet sich das Hallenbad *Blubb* mit Sauna.

BLICK IN DIE WERKSTATT VON SIMON STIEGELER.

HOLZSCHNITZEREI STIEGELER /// KIRCHSTEIG 5 ///
79865 GRAFENHAUSEN /// 0 77 48 / 2 83 ///
WWW.HOLZSCHNITZEREI-STIEGELER.DE ///

WENN GEISTWESEN GESTALT ANNEHMEN

Holzschnitzerei Stiegeler, Grafenhausen

53

Ganz besondere Arbeiten mit einheimischem Holz können Sie in der Werkstatt des Holzbildhauers Simon Stiegeler während der normalen Ladenöffnungszeiten bewundern. Er ist der Künstler für alles Urige und Übersinnliche. Man könnte sagen, er verleiht Geistwesen eine reale Gestalt. Wo könnte man sich seine Werke besser vorstellen als im Schwarzwald mit seinen Sagen und Mythen?

Betritt man im Februar sein Ladengeschäft mit angeschlossener Werkstatt, erkennt man sofort seinen saisonbedingten Schwerpunkt: die Maskenschnitzerei. Stiegeler ist der Maskenschnitzer vieler Narrenvereine. Von teuflischen Dämonen über fantasievolle Tier- und Fabelwesen sowie spitzbübische Narren bis zur originalgetreuen Glatt- und Porträtmaske ist alles zu finden, was einem Liebhaber das Herz höherschlagen lässt.

Um die Weihnachtszeit geben die wilden Kerle und Hexen sanften Gestalten den Vorrang, Engeln zum Beispiel – von Stiegeler »Flügelwesen« genannt – oder Holzkrippen mit ihren Figuren, sowohl modern als auch traditionell ausgearbeitet.

Man hat den Eindruck, es gibt nichts, was Stiegeler nicht aus Holz zum Leben erwecken könnte. Eine wunderschöne künstlerische Art, mit dem heimischen Material Holz zu arbeiten, ist bei dem alljährlichen Holzbildhauer-Symposium in St. Blasien zu sehen, an dem Simon Stiegeler selbstredend teilnimmt.

Was gibt es im Schwarzwald außer Holz zu Genüge? Richtig, Schnee, zumindest im Winter. Perfektes Material für Künstler der Region. Das erste Schwarzwälder Schneeskulpturen-Festival fand 2017 in Bernau statt; hier hat Simon Stiegeler gemeinsam mit dem Bildhauerkollegen Pascal Wirth in Bezug auf die Raunächte den Wode geschaffen – einen Kriegsgott, der mit seinem Geisterheer auf wilder Jagd durch die Lüfte fegt.

✍ Nur wenige Schritte von der Holzwerkstatt entfernt, im Spiechergässle 2, liegt ein Skulpturenpark, in dem auch Werke von Stiegeler stehen. www.skulpturen-im-park.de

DOM /// FÜRSTABT-GERBERT-STRASSE 16 /// 79837 ST. BLASIEN ///
0 76 72 / 6 78 /// WWW.DOM-ST-BLASIEN.DE /// WWW.DOM-INFO.DE ///

PFARRAMT /// AM KURGARTEN 13 /// 79837 ST. BLASIEN ///
0 76 72 / 6 78 ///

DIE GRÖSSTE KUPPEL NÖRDLICH DER ALPEN
Dom, St. Blasien

54

Er steht in jedem Reiseführer, der Dom zu St. Blasien gehört zum Hochschwarzwald wie der Feldberg und der Titisee. Und er zählt auch zu meinen persönlichen Lieblingsplätzen. Der alles überragende Dom dominiert das Städtchen St. Blasien, das zwischen drei Bergrücken im Talkessel eingebettet an dem kleinen Fluss Alb liegt, der am Feldberg entspringt. Sie werden beim Betreten überrascht sein, welche Leichtigkeit der Kirchenraum ausstrahlt. Die Kuppel des Doms ist mit 36 Meter Durchmesser und 63 Meter Höhe die drittgrößte Europas, nördlich der Alpen sogar die größte. Sie ist zwischen 1768–1781 unter der Regie des Fürstabts Martin Gerbert errichtet worden, nachdem die ursprüngliche Klosterkirche einem Brand zum Opfer fiel. Gerbert wollte Gott einen Palast bauen. Circa 100 Jahre später wütete abermals ein verheerendes Feuer. Der heutige Bau stammt von 1910.

Im 9. Jahrhundert brachten Benediktinermönche des Hochrheinklosters Rheinau nahe Schaffhausen eine Reliquie des Märtyrers Blasius hierher, der so zum Schutzheiligen der Mönchsklause wurde und Dom und Stadt zu ihren Namen verhalf. Im 11. Jahrhundert ermöglichten Schenkungen die Gründung einer selbstständigen Abtei. Das Kloster brachte die abgelegene Gegend zum Blühen. Die Verstaatlichung setzte dem ein jähes Ende, die Mönche zogen nach Kärnten ins Lavanttal.

Durch ihre Rundung ist die Domkirche mit ihrer Akustik ein geeigneter Ort für die alljährlich im Sommer stattfindende internationale Domkonzertreihe. Es verwundert nicht, dass bei diesen idealen Örtlichkeiten St. Blasien einen eigenen Domchor hat, der stimmgewaltig zu den kirchlichen Festgottesdiensten beiträgt. Sogar der Vorplatz wird alle fünf Jahre zur Theaterkulisse. Die Domfestspiele sind ein kulturelles Highlight und mit einem immensem Aufwand für alle Beteiligten verbunden.

✎ Der Dom kann außerhalb von Gottesdiensten oder Veranstaltungen besichtigt werden. Am besten nehmen Sie an einer Führung teil, Termine über das Pfarramt.

VOM GLASBLÄSERHOF ZUR FILMKULISSE
Windberghof, St. Blasien

55

Keine zwei Kilometer vom Touristenmagnet St. Blasien entfernt findet man sich im Windbergtal in einer anderen Welt wieder. Ein liebliches Tal, eingeschlossen von Bergen. Ein kleiner Forstweg führt vom Parkplatz bei St. Blasien, am Ende der Bötzbergstraße, zum hochgelegenen Windbergtal. Eine andere Möglichkeit das Tal zu erkunden, wäre über den Wanderpfad ab der Albtalstraße durch die Windbergschlucht zu gehen. Ein einsamer großer Schwarzwaldhof steht dort, meckernde Ziegen begrüßen den Wanderer.

Man fühlt sich um Jahrhunderte zurückversetzt. Der Hof stammt aus dem 16. Jahrhundert und gehörte einst zum Kloster St. Blasien, wie auch das Tal, in dem sich 1684 auf dessen Geheiß Glasbläser aus dem benachbarten Althütte niederließen, um die unwegsame Gegend und Wälder wirtschaftlich zu nutzen. Als diese ihre Arbeit getan und den Wald zur Aschegewinnung für die Glasbläserei gerodet hatten, zogen sie nach Äule bei Schluchsee. Zurück blieb der Windbergbauernhof. Auf der Hälfte des Talrundwegs erkennt man an Bodenunebenheiten den Standort der ehemaligen Glashütte, eine Tafel informiert darüber.

Mit der Verstaatlichung – der Säkularisation – der Klösterbesitztümer 1802–1806 ging der Hof an den badischen Staat. Seit 2003 befindet er sich in Besitz der Familie Albrecht, die mit viel Herzblut wieder das aus ihm machte, was er einst war – einen stattlichen Schwarzwälder Hof nach traditioneller Bauweise.

Es dauerte nicht lange, bis die Filmindustrie auf ihn aufmerksam wurde. Mehrfach in den letzten Jahren war er Drehort für historische Spielfilme – *Einer von 10.000*, *Wiedersehn mit einem Fremden*, *Ende der Schonzeit* und zuletzt *Das kalte Herz*. Der Hof wird nach biologischen Richtlinien bewirtschaftet. Auf Anfrage empfängt und führt die Familie interessierte Gruppen.

✍ Von Mai bis Oktober kann man die Erzeugnisse des Windberghofs freitagvormittags auf dem Wochenmarkt in St. Blasien auf dem Sparkassenvorplatz in der Bernau-Menzenschwander-Straße 1 probieren und kaufen.

DIE STEINKREISE BEFINDEN SICH AN DER ORTSDURCHGANGSSTRASSE VON 79859 SCHLUCHSEE-EISENBRECHE, ÜBER DIE SCHLUCHSEESTAUMAUER KOMMEND RECHTS KURZ VOR DEM ORTSAUSGANG.

WEITERE INFORMATIONEN ERHÄLTLICH BEI DER TOURIST-INFORMATION SCHLUCHSEE /// FISCHBACHER STRASSE 7 /// 79859 SCHLUCHSEE /// 0 76 52 / 1 20 60 ///

STONEHENGE VON BLASIWALD

Steinkreise, Eisenbreche

56

Nahe dem Neubaugebiet Eisenbreche finden sich zwei mystisch anmutende Steinkreise. Sie sind nicht mehr komplett geschlossen. Die einzelnen Blöcke umfassen gut 1,5 Meter in der Breite und Höhe. Ein ideales Baumaß, wahrscheinlich hat man sie in der Vergangenheit für andere Bauten, wie die Grundmauern von Gehöften, verwendet und so die Lücken verursacht. Der Durchmesser des unteren Kreises liegt bei 38 Metern, der des oberen bei 60 Metern. Die Anlage gehört zu dem kleinen Ort Eisenbreche und ist über die Staumauer des Schluchsees zu erreichen. Von St. Blasien kommend nimmt man die Abfahrt nach Blasiwald.

Was hat es mit den Kreisen auf sich? Ihre Bedeutung ist unbekannt. Es existieren unterschiedliche Theorien. Esoteriker wie Praktiker suchen nach wie vor nach dem Sinn dieser Kreise.

Die Anlage wurde vom Staatlichen Denkmalamt und einem Professor für Ur- und Frühgeschichte begutachtet und später als schützenswertes Kulturdenkmal eingestuft. Mit dem Fazit, sie sei weder steinzeitlich noch keltisch. Aber was dann? Die staatlichen Historiker vermuten, es handle sich um eine von mittelalterlichen Bauern angelegte Einfriedung zur Beweidung. Mühsam, argumentieren die Gegner dieser Theorie; bedenkt man, dass vier bis fünf Kühe diese Weide innerhalb von drei Tagen kahlgefressen hätten. Eine andere Idee ist, dass die Bauern bei der Urbarmachung des Geländes die Steine, eiszeitliche Geröllmasse, beiseite geräumt hätten. Und warum im Kreis aufgeschichtet? Sicher ist, die seltsamen Steinrunden liefern allerlei Anlass für Spekulationen und ziehen immer wieder interessierte Menschen an. Man spricht schon vom Stonehenge des Blasiwaldes. Die Tourist-Info Schluchsee bietet Führungen zu den Steinkreisen an. Vielleicht wollen Sie sich ein eigenes Bild machen?

✍ Noch mehr geheimnisvolle Steinmauern und Gebilde befinden sich im Wald der Umgebung, oben auf dem Ruthenberg links bei der Staumauer nach oben und unterhalb der Staumauer seitlich des Flusses Schwarza.

EIN SCHNIEDESEL IN DER STUBE VOM HOLZSCHNEFLER- UND
BAUERNMUSEUM RESENHOF /// RESENHOFWEG 2 /// 79872 BERNAU ///
0 76 75 / 16 00 40 /// WWW.RESENHOF.DE ///

FORUM ERLEBNIS:HOLZ /// RESENHOFWEG 2 /// 79872 BERNAU ///
0 76 75 / 16 00 40 ///

BÄUERLICHES LEBEN ANNO DAZUMAL

Holzschnefler- und Bauernmuseum Resenhof, Bernau

57

Wonach riecht es hier? Alte Bauernhäuser haben einfach einen typischen Geruch. Den von geräucherten Balken, Stall und Heu. Sind auch die Tiere und Menschen längst ausgezogen, der Geruch bleibt, wie im Resenhof im Ortsteil Oberlehen von Bernau. Der Resenhof ist seit 1977 ein Museum, nachdem er 200 Jahre als Bauernhof geführt worden war. An diesem Beispiel lässt sich sehen, dass die Menschen im Schwarzwald nicht allein von der kargen Landwirtschaft lebten. Der letzte Bauer, der Rese Hans, war außerdem Kübler. Im ganzen Tal ist die Handwerkskunst der Schnefler beheimatet.»Schnefeln« sagt man hier zur Holzbearbeitung.

Viele Dinge des Alltags, die für uns selbstverständlich sind, gab es früher nicht einfach zu kaufen. Vom Suppenlöffel über die Mausefalle bis zu den Zähnen an der Heugabel, alles lag in den Händen der Schnefler. Mehrere eingerichtete Werkstätten im Resenhof, wie die des Küblers, Drechslers und Bürstenmachers, vermitteln die Handwerkskunst rund ums Schnefeln. Geeignete Schneflerholzarten, die in und um Bernau wachsen, und Tiere die der Wald beheimatet, entdecken Sie in der Waldstube des Resenhofs.

Wissen Sie, was ein Schniedesel ist? Diese Sitz- und Werkbank stand früher genauso wie das Spinnrad neben dem Kachelofen. Während die Frauen an den langen Winterabenden Wolle spannen, strickten und stickten, schnefelten die Männer. Man(n) saß auf dem Schniedesel, wie auf einem richtigen Esel, klemmte fein abgespaltene Holzstreifen in die Vorrichtung und bearbeitete diese mit einen langen Ziehmesser, bis eine perfekte Schindel entstand. Um ein Schwarzwaldhausdach zu decken, benötigt man Tausende solcher Schindeln, und jährlich müssen verfaulte Schindeln ausgewechselt werden. Eine nie endende Arbeit.

Und was ist ein Deuchelbohrer? Finden Sie es heraus! Kleiner Tipp: Eine Deuchel fängt Wasser auf und leitet es weiter.

✂ Nebenan im *Forum erlebnis:holz* werden in Wechselaustellungen Handwerk und Brauchtum im modernen Ambiente präsentiert.

HANS-THOMA-KUNSTMUSEUM /// **INNERLEHEN** ///
RATHAUSSTRASSE 18 /// **79872 BERNAU** /// **0 76 75 / 16 00 40** ///
WWW.HANS-THOMA-MUSEUM.DE ///

HEIMATMALER

Das Hans-Thoma-Kunstmuseum hat sich einen exzellenten Ruf weit über die Grenzen des Schwarzwaldes erworben. Viermal im Jahr finden Sonderausstellungen statt; Werkschauen Einzelner oder mit thematischem Bezug. Die Zeit von August bis September ist entweder dem Preisträger des Hans-Thoma-Kunst- oder des Naturenergie-Förderpreises gewidmet. Ein weiterer Anziehungspunkt sind die Dauerausstellungen von zwei heimischen Künstlern, einer davon der Namensgeber des Museums, Hans Thoma.

Die Werke dieser Künstler sind untrennbar mit dem Schwarzwald verbunden. Beide Künstler wurden im 19. Jahrhundert geboren, Hans Thoma in Bernau-Oberlehen. Er zeichnete von Kindesbeinen an und arrivierte um 1900 zu Deutschlands beliebtestem Landschafts- und Porträtmaler. Seine Mutter stammte aus Menzenschwand und war eine Verwandte der berühmten Gebrüder Winterhalter. Thoma musste viele künstlerische und finanzielle Rückschläge in Kauf nehmen, ehe ihm der Durchbruch gelang. Höhepunkt seiner Karriere war die Berufung als Professor an die Kunstschule in Karlsruhe. Das Museum beherbergt mehr als 50 Exponate des Heimatkünstlers.

Der zweite Künstler, Karl Hauptmann, wird auch »Der Feldbergmaler« genannt. Er stammte aus Freiburg, doch nach dem Einsatz als Gebirgsjäger im Ersten Weltkrieg zog es ihn des Öfteren in die Stille des Hochschwarzwaldes. Gemeinsam mit einem Freund kaufte er sich eine abgelegene Hütte auf dem Herzogenhorn, um frei von der Familie arbeiten zu können. Als begeisterter Skifahrer trug er zur Gründung der Bergwacht bei. Das Molerhüsli, wie er die Hütte nannte, wurde Dreh- und Angelpunkt vieler Intellektueller und Künstler. Karl Hauptmanns Bilder zeigen überwiegend die Winterlandschaft im Feldberggebiet. Das Museum stellt 13 großformatige Landschaftsgemälde des Malers aus.

⌖ Das Molerhüsli, in Privatbesitz, finden Sie auf der halben Wanderstrecke zum Herzogenhorn-Gipfel, gegenüber dem Leistungzentrum an der Dr.-Fredy-Stober-Straße, versteckt zwischen Tannen.

Wer würde im abgelegen Menzenschwand die Heimat der berühmtesten Fürstenmaler Europas, der Gebrüder Winterhalter, vermuten? Um ihr Andenken zu bewahren, gründete sich ein Verein, der ein kleines Museum namens »Le Petit Salon« im alten Schulgebäude einrichtete.

Menzenschwand liegt im Albtal am Fuße des Feldbergmassivs. Der Ort ist geprägt von mächtigen, geduckten Schwarzwaldhöfen. In einem dieser Höfe, er liegt neben dem Petit Salon, erblickten die Brüder Franz Xaver und Hermann Fidel 1805 beziehungsweise 1808 in bescheidenen Verhältnissen das Licht der Welt. Es war der Pfarrer, der das Talent der Brüder entdeckte und sie förderte.

Mit 13 Jahren begann Franz Xaver eine Lehre in Freiburg als Kupferstecher und Lithograph, sein jüngerer Bruder folgte ihm. Neben dem Studium in München und Bildungsreisen zeichnete Franz Xaver Porträts seiner Gönner, siedelte nach Karlsruhe, wo sein Förderer Baron David von Eichthal, Inhaber der Maschinen- und der Badischen Gewehrfabrik von St. Blasien, für ihn die Verbindung zum Großherzoglichen Hof herstellte. Dort gab Franz Xaver der späteren Großherzogin Sophie Zeichenunterricht und wurde schließlich zum Großherzoglichen Hofmaler ernannt. In Paris gelang ihm 1837 der Durchbruch.

Weil er der Flut der Aufträge nicht mehr allein Herr wurde, ließ er seinen Bruder nachkommen. Die englische Königin Viktoria rief Franz Xaver viele Male als Porträtmaler an ihren Hof. Er arbeitete für Napoleon III., malte polnische, russische, spanische und deutsche Adlige. Seine berühmtesten Auftraggeber waren Kaiser Franz-Josef I. und Kaiserin (Sissi) Elisabeth. Das liebevoll im Stil der Biedermeierzeit eingerichtete Museum zeigt einen Querschnitt aller Gemälde der Brüder auf zwei Stockwerken. Erleben Sie eine lebendige Führung inmitten der Werke, die zum europäischen Kulturerbe gehören.

🖉 Wer nach der beeindruckenden Kultur abtauchen will, kann dies im *Radon Bad* in Menzenschwand tun.

DER AUSGESCHILDERTE FUSSWEG ZU DEN MENZENSCHWANDER
WASSERFÄLLEN STARTET AB DEM MÖSLEPARKPLATZ IM ZU
79837 ST. BLASIEN-MENZENSCHWAND GEHÖRENDEN HINTERDORF.

WEITERE INFORMATIONEN ERHÄLTLICH BEI DER TOURIST-INFORMATION
MENZENSCHWAND /// WINTERHALTERWEG 4 ///
79837 ST. BLASIEN-MENZENSCHWAND /// 0 76 75 / 9 29 87 53 ///

Mittelpunkt sei hier die Alb, die am Feldberg entspringt. Genau genommen sind es zwei Flüsse. Sie durchlaufen die eiszeitlich geformten Täler von Bernau und Menzenschwand und fließen zusammen. Man spricht von der Bernauer Alb und der Menzenschwander Alb. Später von der Hauensteiner Alb, um sie von der Alb im Nordschwarzwald zu unterscheiden. Nach knappen 50 Kilometern fließt sie in den Rhein und somit in die Nordsee.

Wandert man vom Caritashaus am Feldbergpass bergab Richtung Menzenschwand, ist der Untergrund sumpfig, überall gurgeln und glucksen kleine Quellen. Spätestens bei der Gabelung Maria Loch rauscht der Wildbach; die Alb hat sich gebildet. Sie führt uns zur Menzenschwander Kluse, einer engen Durchbruchstelle der Alb, die das Kloster St. Blasien vor über 200 Jahren nutzte, um das Wasser künstlich aufzustauen und Holz für die Eisenwerke in Albbruck zu flößen.

Wenige Meter weiter donnern die Wassermassen durch eine 30 Meter hohe Felsschlucht: die Menzenschwander Wasserfälle. Ein in Stein geschlagener Pfad sowie Holzbrücken führen mittendurch. Eben noch auf einer rauen Weide befindet man sich plötzlich in einer wildromantischen Wasserwelt wieder. Am Ende der Schlucht, von oben kommend, bildet das Bachbett eine seichte Stelle, ein idealer Platz für Kinder an heißen Sommertagen zum Spielen und Planschen. Mehrere Bänke in Blickrichtung des Wasserfalls laden zum Vespern und Innehalten. Eine angenehme Kühle umnebelt den ausruhenden Wanderer. In den Monaten Mai bis Oktober ist die Schlucht an den Tagen Mittwoch, Samstag und Sonntag jeweils abends beleuchtet. Eine besondere Atmosphäre. Sollten Sie im Winter hier sein, bietet der Wasserfall eine abenteuerliche Kulisse aus Wasser, Schnee und Eis.

Ein abwechslungsreicher Rundweg, der am Wasserfall vorbeiführt, ist der Geißenpfad. Er beginnt und endet am Mösleparkplatz im Hinterdorf.

AB DEM CARITAS-HAUS AUF DER PASSHÖHE 5 IN 79868 FELDBERG
FÜHRT DER ZWEISEENBLICKWANDERWEG ÜBER DIE HOCHKOPFHÜTTE
NACH ETWA 2,5 KILOMETERN ZUM HIRSCHBÄDER MOOR.

WEITERE INFORMATIONEN ERHÄLTLICH BEI TOURIST-INFORMATION
FELDBERG HAUS DER NATUR /// DR.-PILET-SPUR 4 ///
79868 FELDBERG /// 0 76 52 / 1 20 60 ///

61

Auf dem Höhenrücken zwischen dem Schluchseetal und dem Tal der Menzenschwander Alb liegt an einer der höchsten Stellen das Hirschbäder Moor. Der Weg zu diesem Hochmoor ist äußerst reizvoll. Man startet am Caritashaus auf der Feldbergpasshöhe, mit einmaligem Blick ins Menzenschwandertal und hinüber zum Herzogenhorn. Nach einigen hundert Metern biegt man links ab und folgt dem Hochkopfweg bergan. Bei Dämmerung und Nebel ist das Moor ein Ort, der einen beinahe an die Existenz von Feen und Elfen glauben lässt.

Das Hirschbäder Moor ist das höchstgelegene Hochmoor im Schwarzwald, es befindet sich auf 1.275 bis 1.290 Meter und umfasst 5,3 Hektar. Nur am Grafenmatt und auf dem Feldberg gibt es kleinere, noch höher gelegene Flächen, die als Niedermoore – mit Zufluss – ausgewiesen sind. Wir treffen hier auf die Hinterlassenschaft der letzten Eiszeit, als Eismassen dieses Becken ausgeschliffen haben. Ein See entstand, in dem sich über die Jahrtausende Ton und schlammige Sedimente absetzten. Der See ist allmählich verlandet. Moose, Binsen, Sonnentau, Rosmarinheide, Moosbeeren und Wollgras eroberten die Feuchtfläche. Regen und Schnee nährt dieses Moor, es gibt keinen nennenswerten Zufluss. Der südliche Teil entwässert in die Alb, nördlich führt ein Rinnsal in das Bärental und somit in den Titisee, die Gutach, Wutach und letztendlich in den Rhein. Durch das Pflanzenwachstum hat sich das ursprünglich zwei bis vier Meter tiefe Gewässer zu einer 7,5 Meter dicken leicht konvexen Moorfläche gewölbt. Nur der mittlere Bereich ist baumfrei und bildet noch einen kleinen See.

Der Wanderweg führt zum Teil über einen Holzsteg durch das Moor, vorbei an den einstigen Staugräben, die man in der Neuzeit geschlossen hat, um die Moorbildung nicht zu zerstören. Das Biotop ist Teil des Naturschutzgebietes Feldberg.

🖙 In der Tourist-Information und im Haus der Natur auf dem Feldbergpass erhalten Sie Broschüren über die verschiedenen Schwarzwälder Moore.

AB DEM CARITAS-HAUS (PASSHÖHE 5, 79868 FELDBERG) DEM
ZWEISEENBLICKWANDERWEG ÜBER DIE HOCHKOPFHÜTTE UND DAS
HIRSCHFELDER MOOR ZUM AUSSICHTSFELSEN ZWEISEENBLICK AN DER
BÄRENHALDE FOLGEN.

WEITERE INFORMATIONEN ERHÄLTLICH BEI DER TOURIST-INFORMATION
FELDBERG HAUS DER NATUR /// DR.-PILET-SPUR 4 ///
79868 FELDBERG /// 0 76 52 / 120 60 ///

KANZEL NACH OSTEN
Zweiseenblick, Feldberg

62

Der Zweiseenblick liegt auf der Kammlage zwischen Menzenschwand und Schluchsee. Man erreicht den Platz entweder über den Wanderweg ab dem Caritashaus von Schluchsee-Äule oder über Altglashütten, genauso kann man vom Bärental aus hinaufgehen. Es gibt zahlreiche Wanderwege, die wie Spinnenfäden am Zweiseenblick zusammenlaufen. Was ist das Besondere an diesem Ort? Setzen wir uns hin und betrachten die Umgebung.

Bänke und Tische laden zur Vesperpause. Sie sind umlagert von abgerundeten Felsen, die bei Kindern zum Klettern beliebt sind. Dieses Gestein wird Bärhaldegranit genannt, wegen seiner Lage an der Halde zum Bärental. Er hat eine feine Körnung und eine rötliche Farbe, die aus der Zusammensetzung von Feldspat und Hämatit resultiert – im Gegensatz zum gröberen und helleren Granit in der weiteren Umgebung. Das liegt daran, dass es ein magmatisches Tiefengestein ist, das hier eine schnellere Abkühlung erfuhr, im Vergleich zu den tiefer gelegenen Vorkommen.

Vorn am Abhang steht eine Bank mit Blickrichtung Osten. Sie vermittelt das Gefühl, auf einem Ausguck, einer Art Kanzel, zu sitzen, während sich unter uns der östliche Hochschwarzwald ausbreitet. Wie der Name des Platzes sagt, blickt man auf zwei Seen – den Titisee und den Schluchsee. Am Horizont wird die Gegend flacher, ein riesiges Waldgebiet dehnt sich aus. Der Hochschwarzwald geht in die Baarlandschaft über. Geologisch gesehen ist diese Fläche ein Relikt einer wüstenhaften Epoche vor circa 220 Millionen Jahren. Sand lagerte sich in diesem Landschaftsbecken ab, durch Verdichtung entstand Buntsandstein. Der hohe Quarzanteil macht die Böden nährstoffarm, weshalb sie bewaldet sind. Man nennt die Buntsandsteingebiete auch die Überreste der Badischen Sahara. Die Schichten sind bis zu 400 Meter dick. Ihre rote Farbe stammt vom Eisenoxid.

☞ Wussten Sie, dass um den Feldberg der Badische Riesenregenwurm beheimatet ist? Er wird bis zu 60 Zentimeter lang. Mehr Wissenswertes im *Haus der Natur* auf dem Feldbergpass (Adresse siehe Tourist-Info).

VON DER TALSTATION GRAFENMATTLIFTE AM AUGUST-EULER-PLATZ IN
79868 FELDBERG GELANGT MAN ÜBER DAS LEISTUNGSZENTRUM
HERZOGENHORN ZUM GIPFEL DES HERZOGENHORNS VON
79872 BERNAU.

LEISTUNGSZENTRUM HERZOGENHORN ///
DR.-FREDY-STOBER-STRASSE 7 /// 79868 FELDBERG /// 0 76 76 / 2 22 ///
WWW.HERZOGENHORN.INFO ///

INSEL ÜBER DEM NEBELMEER
Herzogenhorn, Bernau

63

Mit seinen 1.415 Metern ist das Herzogenhorn der zweithöchste Berg des Schwarzwaldes. Es gilt als kleiner Bruder des nebenstehenden Feldbergs. Dieser bringt es auf 78 Höhenmeter mehr. Das Horn, wie der Berg in der Region genannt wird, liegt im Naturschutzgebiet und gehört zur südlich gelegenen Gemeinde Bernau. In einer Schriftrolle des Klosters St. Blasien wurde »des herzogen horne« bereits 1328 erwähnt und als Grenzpunkt bezeichnet.

Es gibt mehrere Möglichkeiten, den Berg zu besteigen, was an kaum einer Stelle schwierig ist. Die beliebtesten Routen führen von Menzenschwand, über die beiden Berge namens Spießhörner bei Bernau oder über den Grafenmatt, an der Passstraße des Feldbergs gelegen, auf den Gipfel. Auf halber Höhe, einem Hochplateau, liegt das Leistungszentrum Herzogenhorn, ein Olympiastützpunkt. Von hier wird der Rest des Weges in einem Halbkreis erwandert. Das Horn hat einen breiten kahlen Rücken, und ein großes Holzkreuz markiert den höchsten Punkt. Oben angekommen bietet sich ein herrlicher Panoramablick über die Alpenkette von der Zugspitze im Südosten bis zum Mont Blanc im Südwesten. Bei Inversionswetterlage, überwiegend im Herbst, wenn die oberen Luftschichten wärmer sind als die unteren, liegt die Rheinebene im Nebel und man wähnt sich auf einer Insel im Meer.

Im Winter bietet das Herzogenhorn ein herrliches Loipennetz. Für einsame Skitourengänger ist der Berg ein Traum. Vorsicht ist dennoch geboten, denn die Herzogenhornwächte, der östliche Überhang, ist nicht ungefährlich und kann zur Todesfalle werden, wenn sich die Schneemassen dort als Lawine in Bewegung setzen. Wer es lieber alpin mag, kann mit dem Grafenmattlift hinauffahren und die sieben Kilometer lange Hinterwaldabfahrt vorbei am Leistungszentrum nach Todtnau nehmen.

🍴 Stärkung gefällig? Das Leistungszentrum Herzogenhorn bietet leckere Kleinigkeiten auf der Sonnenterrasse beziehungsweise in der warmen Stube.

DIE SCHWEDENSCHANZE VON 79872 BERNAU IST NACH DEM LEISTUNGSZENTRUM HERZOGENHORN (DR.-FREDY-STOBER-STRASSE 7, 79868 FELDBERG) WENIGE METER NACH DER ABZWEIGUNG ZUM GIPFELKREUZ AM WANDERWEG RICHTUNG GISIBODEN GELEGEN.

WEITERE INFORMATIONEN ERHÄLTLICH BEI DER TOURIST-INFORMATION BERNAU /// RATHAUSSTRASSE 18 /// 79872 BERNAU-INNERLEHEN /// 0 76 75 / 16 00 30 ///

Wer wie ich Heidelbeeren liebt, ist am Herzogenhorn richtig, denn dort gibt es sie im August massenweise. Beim Pflücken stößt man höchstwahrscheinlich irgendwann auf eine seltsame Formation am Boden. Sie ist zwar mit Heidelbeerstauden überwachsen, aber dennoch deutlich zu erkennen. Man findet sie unterhalb des Abzweigs zum Herzogenhorngipfel auf dem Weg Richtung Gisiboden. Hinter der wallartigen Bodenerhebung verbirgt sich eine von Menschenhand geschaffene Anlage, nach Westen ausgerichtet, deren Form an ein Dreieck erinnert: eine Verteidigungsschanze. Die Blickrichtung geht zum Silberberg und Belchen, in der Ferne flacht die Berglandschaft ins Rheintal ab. Große Flüsse waren zu allen Zeiten die Einfallstore für feindliche Heere. Heute verwehren uns Bäume unterhalb der Schanze die freie Sicht ins Rheintal.

Ein Schild weist auf diese Bodenunebenheit hin. Die Schwedenschanze war Teil einer Verteidigungslinie von Karlsruhe über den Schwarzwald bis zum Hochrhein. Sie diente als Abwehr- und Beobachtungsposten. Der Begriff »Schwedenschanze« geht auf den Dreißigjährigen Krieg zurück, nach dessen Ende die Schweden der Bevölkerung als extrem grausam in Erinnerung blieben. Auf dem Schild bei der Schanze wird das Jahr 1672 angegeben. Zu jener Zeit war der Dreißigjährige Krieg jedoch vorbei, der Holländische Krieg brach damals in Europa aus und reaktivierte die alte Verteidigungslinie aus den Schwedenkriegen. Der Schwarzwald war im Laufe der Jahrhunderte vielfach Schauplatz von Kriegen und Konflikten.

Heute ist die Schwedenschanze ein kleines Bodendenkmal und dient als Markierungspunkt am Rande des Wanderwegs. Die Schicksale der an diesem Ort das Land verteidigenden Menschen sind nicht überliefert. Wie viele waren sie und wie lange mögen sie hier verharrt haben?

✍ Folgen Sie dem linken Wanderweg nach der Schwedenschanze um das Herzogenhorn herum zur Krunkelbachhütte, die als Wetterstation und für ihr zünftiges Bauernvesper bekannt ist. www.krunkelbach.de

DER TODTNAUER WASSERFALL IST AN DER LANDSTRASSE VON 79674 TODTNAU NACH TODTNAUBERG BEI AFTERSTEG GELEGEN.

SCHLUCHTING-FÜHRER MARKUS DUTSCHKE /// LANGENBACHSTRASSE 2 /// 79674 TODTNAU-AFTERSTEG /// 0 76 71 / 80 00 /// WWW.UMMEGUMPE.DE ///

STURZBACH MIT DENKMALSCHUTZ
Todtnauer Wasserfall

65

Von Todtnau nach Todtnauberg fahrend, sieht man den imposanten Wasserfall von der Straße aus. Nach der Ortschaft Aftersteg sind Parkplätze ausgeschildert. Ein Kiosk markiert den Wegbeginn, der dank einer Maßnahme des Naturparks barrierefrei ist und zum Fuß des Todtnauer Wasserfalls, dem Hanglochfall, führt. Der zweite Name stammt aus der Zeit des Bergbaus; er bezieht sich auf einen Stollen der Gegend, in dem Silbererz abgebaut wurde.

Tosend stürzen sich die Wassermassen über fünf teils überhängende Granitstufen, über 97 Meter hinunter ins Tal. Der Todtnauer Wasserfall gehört zu den zehn schönsten Naturdenkmalen in Deutschland, ist der höchste Naturwasserfall Baden-Württembergs und zieht jährlich 500.000 Besucher an. Wanderbegeisterte sollten sich festes Schuhwerk mitbringen und den Berg neben den fallenden Wassermassen besteigen. Der Blick von oben entschädigt für die Mühe. Genießer schnappen sich eine der beliebten Himmelsliegen und beobachten das Naturschauspiel aus entspannter Position.

1987 stellte man den naturbelassenen Wasserfall unter Denkmalschutz, um ihn in seiner Ursprünglichkeit der Nachwelt zu erhalten. Das Quellgebiet des Stübenbachs, wie das Gewässer heißt, liegt am 1.386 Meter hohen Stübenwasen. Zusätzliche Bergbäche um den Ort Todtnauberg gesellen sich hinzu. Nach den Staustufen rauscht der Bach 140 Meter steil bergab, bevor er in den Schönenbach mündet. Entstanden ist der Wasserfall in der letzten Eiszeit durch Gletschererosion an einer geologischen Störungslinie.

Im Sommer, wenn sich der Sprühnebel kühlend auf der Haut verteilt, ist der Wasserfall eine echte Attraktion. Ich persönlich finde ihn im Winter noch beeindruckender. Sind weite Teile gefroren und hängen überdimensionale Eiszapfen am Berg, verleiht es dem Eis-Wasser-Gebilde etwas Märchenhaftes.

✍ Wissen Sie was *Schluchting* ist? Eine Gebirgsbachwanderung! Hierbei erklimmt man die wildromantische Langenbachschlucht zwischen Todtnau und Notschrei mit Führer von unten nach oben!

DER SCHATZSTEIN VON 79674 TODTNAUBERG BEFINDET SICH NAHE AM
WASSERFALL VON TODTNAUBERG, ETWA 500 METER ÜBER DER BRÜCKE
DES OBEREN EINSTIEGS.

BERGMANNSVEREIN FINSTERGRUND WIEDEN E.V. /// IM GRÜN 7 ///
79694 UTZENFELD /// WWW.FINSTERGRUND.DE ///

GEHEIMNISVOLLE SCHRIFTZEICHEN

Schatzstein, Todtnauberg

66

Beim Schatzstein von Todtnauberg haben wir es mit einem eigenwilligen Schwarzwald-Mythos zu tun. Doch dazu später mehr. Sie finden den Stein kurz vor dem Ort Todtnauberg. Hier, am oberen Einstieg zum Wasserfall, gekennzeichnet durch ein Tor, steht eine Infotafel mit Landkarte. Schauen Sie sich den Plan an, er verdeutlicht die Lage des Steines. Sie müssen den Zulauf zum Wasserfall überqueren und dem rechten kleinen Pfad, dem Roßweg, hinunter zum Stein folgen. Achtung, Pfad und Schild sind leicht zu übersehen.

Der mächtige Felsbrocken befindet sich am östlichen Berghang. Er ist ein Kreuzfelsen, also eine Wegmarkierung aus vorchristlicher Zeit. Bei genauem Hinsehen erkennt man eingemeißelte Zeichen auf seiner Oberfläche, die jedoch erst später in den Stein gehauen wurden. Ihre Bedeutung war lange unklar. Vermutet wurde eine Karte, die zu einem Schatz führen sollte. Berichten nach sollte dieser um 1795 zum Schutz vor den Franzosen hier vergraben worden sein beziehungsweise aus der Zeit der Schwedenkriege stammen. So durchwühlten schon viele auf der Suche nach Geld und Gold den Boden rund um den Stein.

Insgesamt sind 15 Zeichen in den vier Meter hohen und 80 Tonnen schweren Brocken gemeißelt. Lange schon wurde vermutet, dass sie mit dem Silberbergbau im Mittelalter in dieser Gegend zu tun haben könnten. Einer Schülerforschungsgruppe gelang schließlich die Entmystifizierung des Steins. Die Überlegung, dass das Sonnenrad, wie man das Zeichen an dessen oberen Rand nach seinem Aussehen benannte, ein Hinweis auf einen Radschacht sein könnte, war der entscheidende Ansatz. Der Radschacht führt mit einem radbetriebenen Aufzug in den Berg. Die Schüler konnten nachweisen, dass die Zeichen eine Karte bilden, die exakt im Maßstab 1:5000 die Lage der damaligen Stollen wiedergibt.

✍ Interessantes zum Thema Bergwerk erfahren Sie im Nebental beim Besucherbergwerk Finstergrund Wieden. Fahren Sie mit der Stollenbahn in den Berg.

AUSBLICK VOM RADSCHERT INS TODTNAUBERGER TAL. ER IST IM
ORTSTEIL BÜRETEN OBERHALB DER JUGENDHERBERGE (RADSCHERT-
STRASSE 12) VON 79674 TODTNAUBERG GELEGEN.

WEITERE INFORMATIONEN ERHÄLTLICH BEI DER TOURIST-INFORMATION
TODTNAUBERG /// KURHAUSSTRASSE 18 /// 79674 TODTNAUBERG ///
0 76 52 / 1 20 60 ///

AUSBLICK BIS INS ELSASS
Aussichtsplatz Radschert, Todtnauberg

67

Hoch über dem Dorf Todtnauberg liegt der Radschert. Sie erreichen ihn zu Fuß in 15 Minuten ab dem Wanderparkplatz bei der Jugendherberge. Der Weg ist ausgeschildert und mit interessanten Ruhebänken ausgestattet, die den Ausblick sitzend, liegend oder schaukelnd genießen lassen.

Seit über 500 Jahren steht der Ort unter dem Schutz des heiligen Jakobus. An ihn, den Patron der Bergleute, erinnert das Pilgerkreuz, das sich auf dem Radschert befindet. Eine originale Jakobusstatue von 1604, der Zeit des Bergbaus, ist in der Dorfkirche St. Jakobus im Ortskern zu sehen. Wenden wir uns dem Namen des Platzes zu: »Radschert« leitet sich von »Radschacht« ab und bezeichnete einen radbetriebenen Einstiegsschacht im Bergbau.

Womöglich sitzen Sie auf einer stillgelegten Silbermine, während Ihr Blick auf der Sonnenbank in die Ferne schweift. Links am Horizont sehen Sie die letzten Ausläufer der Schweizer Alpen, am unteren Ende im Tal liegt Basel – was leider durch die Windungen des Taleinschnitts und wegen der Entfernung nicht zu sehen ist –, rechts erheben sich die Bergzüge des Elsasses.

Einmal im Jahr, Ende November / Anfang Dezember, findet hier oben am Lagerfeuer ein Lesefest im Rahmen der Todtnauberger Literaturtage statt. Namhafte Schriftsteller haben schon ihre Stimme weit über das Tal erhoben und für einen Publikumsansturm gesorgt. Alphornbläser und Glühwein runden den Event ab. Erstmalig initiiert hat dieses Fest 2005 der in den Sommermonaten in Todtnauberg lebende Schriftsteller Hansjörg Schneider aus Basel mit tatkräftiger Unterstützung der Besitzerin des Hotels Engel, Iris Boch mit Familie, und dem Todtnauberger Hans Gelpcke. Was aus einer Weinlaune geboren wurde, hat inzwischen internationalen Kultstatus.

☞ Auf relativ ebenen Wegen können Sie vom Radschert aus auf dem Heidegger-Rundweg zur Fatima-Kapelle wandern und unterhalb dieser über den Todtnauberger Ortsteil Rütte zurück.

DIE ST. WILHELMER HÜTTE IST ÜBER DEN ABSTIEG BEI DER
WETTERRADARSTATION AUF DEM FELDBERGGIPFEL IN 79868 FELDBERG
INS WILHELMERTAL ZU ERREICHEN /// 0 76 76 / 3 42 ///
WWW.SANKT-WILHELMERHUETTE.DE ///

HINTERM BERG

St. Wilhelmer Hütte, Feldberg

68

Das Feldberggebiet bietet mehrere zünftige Wanderhütten, die zur Einkehr laden. Sie wurden ursprünglich als Almhütten genutzt und dienten den »Herdern«, den Viehhütern, als Unterkunft während der Sommermonate. Im Winter waren sie verlassen und eingeschneit. Heute noch kann es passieren, dass die Wirtsleute bei anhaltendem Schneesturm einsame Tage erleben.

Eine reizvoll gelegene Hütte steht über dem Wilhelmer Tal an der Westflanke des Feldbergs. Sie ist mit 1.423 Metern die höchstgelegene Almhütte Baden-Württembergs. Die Alm bietet 65 Innenplätze und eine große Sonnenterasse. Man kann dort zwar nicht übernachten, doch allein die selbstgemachten Speisen sind einen Besuch wert.

Um die St. Wilhelmer Hütte zu erreichen, muss man sich bewegen. Wie, das hängt von der Jahreszeit ab. In der schneefreien Zeit sind Wanderer die häufigsten Gäste, gefolgt von Mountainbikern. Im Winter verbindet eine Langlaufloipe das Hotel Feldberger Hof mit der Wilhelmer Hütte und dem Berggasthof Stübenwasen. Tourengänger, Schneeschuhwanderer und Winterwanderer kommen ebenfalls auf ihre Kosten. Auch eine Rodelbahn mit einer Länge von mehr als drei Kilometern startet von der St. Wilhelmer Hütte.

Ein besonderer Event ist das alljährliche Laurentiusfest am 10. August. Egal welches Wetter herrscht, die Schwarzwälder verzichten auf ihren »Laurenzi« nicht, im Gegenteil, es sind jedes Jahr mehr Besucher. Ursprünglich kamen an dem Feiertag alljährlich die Wirte und Viehhändler hierher, um das Vieh auf den Sommerweiden zu begutachten und einzukaufen. Traditionell wird in der Waldkapelle bei der Todtnauer Hütte ein Gottesdienst abgehalten und im Anschluss verschiedene Hütten besucht, darunter die St. Wilhelmer Hütte. Heute geht es, ohne Vieh zu kaufen, direkt nach dem Feldgottesdienst zur Hüttengaudi.

🖉 Steigen Sie hinter der Hütte in etwa 20 Minuten auf bis zur Wetterradarstation und genießen den Rundumblick.

FELDBERGTURM /// FRANZ-KLARMEYER-WEG /// 79868 FELDBERG ///
0 76 76 / 9 40 91 10 /// WWW.FELDBERGBAHN.DE/FELDBERGTURM ///

WEITERE INFORMATIONEN ERHÄLTLICH BEI DER TOURIST-INFORMATION
FELDBERG HAUS DER NATUR /// DR. PILET-SPUR 4 /// 79868 FELDBERG ///
0 76 52 / 1 20 60 ///

DENKMAL AUF DEM HÖCHSTEN
Feldbergturm, Feldberg

69

Welcher Einheimische kennt ihn nicht? Der ehemalige Fernsehturm ist das Markenzeichen des Feldbergs. Bis 2001 wurde er vom Südwestrundfunk als Rundfunkturm betrieben. Mit dem Bau eines neuen Turmes hatte er zunächst seine Daseinsberechtigung verloren und stand in der Diskussion zum Abriss. Was sollte man damit tun? Die Gemeinde Feldberg entschied sich letztendlich, den Turm zu übernehmen und als Aussichtsplattform zu nutzen. Heute steht er unter Denkmalschutz zusammen mit dem Bismarckdenkmal nebenan.

Schweben Sie mit der Feldbergbahn auf den Höchsten, sind es nur fünf Minuten Gehzeit zum Turm, der Eintrittspreis ist im Ticket der Bergbahn enthalten. Wer den Berg aus eigener Kraft erstürmen will, erreicht den Seebuck, wie der Gipfel genannt wird, in 40 Minuten Fußmarsch ab dem Haus der Natur.

Die Plattform auf 45 Metern Höhe kann bequem mit dem Aufzug erreicht werden oder man steigt die elf Stockwerke hoch. Höher kommen Sie im Schwarzwald nicht! Denken Sie daran, eine Jacke mitzunehmen, denn dass dort keine Brise weht, habe ich noch nie erlebt.

Die Aussicht lohnt auf alle Fälle, vorausgesetzt das Wetter stimmt. Im Süden zeigen sich dann Eiger, Mönch, Jungfrau und die Zugspitze, im Vordergrund der kleine Bruder des Feldberges: das Herzogenhorn. Westlich sind das Mont-Blanc-Massiv und die Vogesen zu sehen. Auf der nördlichen Seite bietet sich einem der Blick auf das »Grüble«, wie die Senke zwischen Seebuck und Baldenweger Buck heißt, und bis ins Rheintal, östlich der Titisee und seine Seitentäler. Wem es zu zugig ist, der kann hinter der Glasfront bleiben oder das Schinkenmuseum im unteren Stock besuchen.

Auch einmalige Momente kann man auf dem Turm erleben. Er ist eine nicht alltägliche Location für eine Hochzeit. Während der Trauung bleibt der Turm für andere Besucher gesperrt.

🖉 Ein besonderes Erlebnis: eine Sonnenaufgangswanderung. Wem das allein zu unsicher ist, der kann über die Tourist-Information im Haus der Natur eine geführte Tour buchen.

AB DEM PARKHAUS FELDBERG (DR.-PILET-SPUR 2) FÜHRT EIN
WANDERWEG VORBEI AM SESSELLIFT SEEBUCK ZUM FELDSEE VON
79868 FELDBERG.

RAIMARTIHOF – GASTHAUS ZUM FELDSEE /// RAIMARTIHOFWEG 12 ///
79868 FELDBERG /// 0 76 76 / 2 26 /// WWW.RAIMARTIHOF.DE ///

HEIMAT DES DENGELEGEISTES?

Feldsee, Feldberg

70

Vom Bismarckdenkmal auf dem Gipfel des Feldbergs sieht der kleine Moorsee aus wie ein dunkles rundes Loch. Entstieg dem Gewässer einst der Dengelegeist, den Hebel in einem Gedicht bedachte? Der die einsamen Wanderer vom Weg abbrachte, wenn er seine Sense »dengelte«, also durch Hämmern schärfte. Er galt als Todesbote.

Der See liegt eingebettet zwischen Bäumen und Felswänden 300 Meter tiefer als der Feldberggipfel. Wie der Titisee ist er ein Überbleibsel der Eiszeit, ein Karsee. An seiner breitesten Stelle hat er 380 Meter Durchmesser und in der Mitte eine Tiefe von 32 Metern. Er ist kreisrund. Unterhalb des Feldsees war zwischen Moränenwällen ein weiterer, kleinerer See eingeschlossen, der zwischenzeitlich durch Torfbildung zu einem botanisch wertvollen Hochmoor verlandet ist.

Für mich führt der schönste Wanderweg zum Feldsee über den Feldberggipfel durch die Senke zwischen Seebuck und Baldenweger Buck, »Grüble« genannt, vorbei am Feldbergmoor. Dessen Gewässer speist, neben anderen Quellen, den Feldsee. Der Wald zwischen Gipfel und See ist ein Bannwald, der sich selbst überlassen bleibt und seltene Tiere wie den Dreizehenspecht beheimatet.

Zu meiner Kinderzeit durfte man im Feldsee noch baden, er ist sogar im Sommer eiskalt. Heute steht er unter Naturschutz und ist mit einem strikten Badeverbot belegt. Ursächlich ist ein Unterwasserfarn, das Stachelsporige Brachsenkraut, das in Mitteleuropa nur noch im Feld- und im Titisee, wo es mit Gitterkörben geschützt wird, zu finden ist. Es wächst in ein bis zwei Metern Tiefe und benötigt nährstoffarme und sauerstoffreiche kühle Gewässer. Neben kleinen Krebsen, Muscheln und Schnecken leben hier der Seesaibling und als einzige ursprüngliche Fischart die sechs bis zwölf Zentimeter große Elritze.

🖎 Ein tolles Ausflugsziel mit uriger alemannischer Gastlichkeit und Übernachtungsmöglichkeit in Selbstversorgerhütten ist der Raimartihof unweit des Sees – eines der ältesten Gasthäuser Baden-Württembergs.

SCHNAPSMUSEUM IM CAFÉ ZUM GSCHEITEN BECK ///
BAHNHOFSTRASSE 3 /// 79868 FELDBERG-BÄRENTAL /// 0 76 55 / 3 41 ///
WWW.GSCHEITER-BECK.DE ///

SCHWARZWÄLDER HAUSBRENNEREI UND IMKEREI ///
TIROLER STRASSE 8 /// 79848 BONNDORF /// 0 76 53 / 66 60 ///
WWW.HONIG-SCHNAPS.DE ///

»Von der Kunst des Brennens weiß man seit 3.000 Jahren«, erfahren wir bei einer Führung durch das Schnapsmuseum im Bärental. Brenner und Edelbrandsommelier Manuel Böhler-Bizenberger erklärt die ersten einfachen Brennkessel und die Entwicklung bis zu der heutigen Technik. Viele der im Museum gezeigten Gerätschaften stammen aus der Zeit um 1900. Und was hat der alte Schlitten mit Sturmlicht mit Schnaps zu tun? Im Winter – wenn kein Auto mehr über den Berg kam – wurden die Kunden, meist Gasthäuser in der Umgebung, mit Pferd und Schlitten bedient. Auch alte Karaffen findet man im Museum, in denen früher Kräuter- und Obstansätze standen. Nebenbei erfährt man allerhand über die Herstellung von Edelbränden, welche heimischen Wurzeln, Nüsse und Beeren dafür vergoren und gebrannt werden. Dies geschieht heute noch in der Brennerei Bizenberger, die sich seit 1977 in Familienhand befindet. In der Konditorei nebenan, die ebenfalls zum Familienbetrieb gehört, wird das Kirschwasser der Brennerei in der Schwarzwälder Torte direkt weiterverarbeitet. Dieser Doppelbetrieb ist verantwortlich für den Namen »Gscheiter Beck«, was »Kluger Bäcker« bedeutet.

Aufgrund der günstigen Lage kehren hier einige Besucher vom Feldberg kommend ein und probieren sich durch das Sortiment. Die Edelbrände und Liköre sind von hoher Qualität und zum Teil prämiert. Neben diversen Beeren werden unter anderem Blutwurz, Nüsse und Kräuter verarbeitet. Einmalig im Schwarzwald ist die Verwendung von Enzian. Der Gscheite Beck besitzt als Einziger in der Umgebung die Konzession, im Oktober Enzianwurzeln am Feldberg zu stechen und zu verarbeiten. Der daraus gebrannte Enzianschnaps gilt wegen seiner Bitterstoffe als besonders verdauungsfördernd, sein erdiger Geschmack ist jedoch gewöhnungsbedürftig.

🖉 Eine weitere Brennerei, samt Imkerei, wird von Familie Herb in Holzschlag bei Bonndorf betrieben und kann während der Öffnungszeiten besichtigt werden. Ein kleiner Hofladen ist angeschlossen.

DIE HÖCHSTGELEGENE DESTINATION
Bahnhof, Bärental

72

Gebannt saßen wir in den 8oern zur »Schwarzwaldklink-Zeit« vor dem Fernseher, um hautnah mitzuerleben, wie unsere Heimat in den schönsten Farben und Landschaften in die Welt hinausflimmerte. Durchschnittlich sahen 15 Millionen Zuschauer in den verschiedensten Ländern zu. Fühlte man sich im Schwarzwald bisher im hintersten Wald zu Hause, kam jetzt Heimatstolz auf. Am Bahnhof Bärental, dort, wo sich normalerweise Fuchs und Hase gute Nacht sagen, spielten dramatische Filmszenen. Während der Drehzeiten traf man die Schauspieler im Ort. Mit einem Schlag war der Schwarzwald bekannt. Man besann sich auf die heimatlichen Werte.

Der Bahnhof von Bärental ist kein gewöhnlicher, sondern der höchstgelegene Bahnhof der Deutschen Bahn AG; er hat mit 967 Höhenmetern die Nase im Ländle zuoberst. Bis zur Wiedervereinigung Deutschlands war er sogar der höchste der Republik. Seit 1990 steht dies dem Endpunkt der Brockenbahn in Sachsen-Anhalt zu, was dem Bärentaler jedoch nicht geschadet hat, denn er ist seit seinem Auftritt in der Fernsehserie berühmt. Neben Kiosk und Restaurant gibt es eine nostalgische Wärmehalle. Im oberen Geschoss des Bahnhofs finden sich seit der Privatisierung im Jahr 2012 Ferienwohnungen.

Der Bahnhof ist gleichzeitig mit der Strecke Dreiseenbahn 1926 in Betrieb genommen worden und Teil der Museumsstrecke der IG Dreiseenbahn. Deren Dampflok samt antiker Waggons verkehrt sommers und winters zu den Ferienzeiten zwischen Seebrugg, Bärental und Titisee und nimmt Gäste mit. Der kleine Bahnhof Bärental ist der Hauptverkehrsknotenpunkt für den Feldbergtourismus. Ab hier geht es mit dem Bus auf den Pass und hinunter ins Wiesental nach Zell und Todtnau. Wer seine Skier nicht zwei Kilometer schleppen will – sollten auf dem Höchsten alle Parkplätze belegt sein –, steigt rechtzeitig auf Bus und Bahn um.

An der nächsten Station, im Bahnhof Altglashütten, können Sie nicht nur Ihren Akku im Bistro Express'o aufladen. Es gibt auch eine Tankstelle für Ihr E-Bike.

DER MATHISLEWEIHER VON 79856 HINTERZARTEN LIEGT IM
NATURSCHUTZGEBIET ESCHENGRUND, ERREICHBAR IN EINER
1,5-STÜNDIGEN WANDERUNG AB DEM BAHNHOF HINTERZARTEN:
DIE ORTSSTRASSE ZUM KURHAUS QUEREN, DAHINTER DURCH DIE
WIESENWEGE ZUM SPIELPLATZ WOLFSGRUND, ENTLANG DEM KESSLER-
BERG UND AM HOTEL SONNENBERG DEM EMIL-THOMA-WEG FOLGEN.

WEITERE INFORMATIONEN ERHÄLTLICH BEI DER TOURIST-INFORMATION
HINTERZARTEN /// FREIBURGER STRASSE 1 /// 79856 HINTERZARTEN ///
0 76 52 / 1 20 60 ///

VERSTECKTER MOORSEE

Mathisleweiher, Hinterzarten

73

Manche Plätze muss man nicht schönreden – sie sind es einfach. Der Mathisleweiher zwischen Hinterzarten und dem Feldsee ist so ein Ort und ein echter Geheimtipp. Er liegt versteckt im Wald und kann zu Fuß oder mit dem Mountainbike erreicht werden. Im Winter führt die Oberzarten-Langlaufloipe vorbei.

Der Mathisleweiher ist ein verwunschener stiller Ort, ein Moorsee, mitten im Naturschutzgebiet Eschengrund gelegen. Um ihn zu besuchen, müssen Sie ab dem Bahnhof Hinterzarten vorbei am Kurhaus in der Freiburger Straße Richtung Spielplatz Wolfsgrund gehen; dort steigen Sie den Waldwirtschaftsweg hoch. Ein schmaler Pfad führt links am Kesslerberg entlang bis zum Hotel Sonnenberg, wo Sie dem Emil-Thoma-Weg Richtung Südwesten folgen. Die Wanderroute führt an einem kleinen Fischweiher vorbei, von Weiden gesäumt. Nach rund zwei Kilometern biegen Sie links ab, der Pfad ist ab hier mit einer gelben Raute markiert. Sie können sich nicht verlaufen, die Strecken sind ausgeschildert. Nach 500 Metern erreichen Sie den See, der ringsum mit Fichten umwachsen ist, die sich in der dunklen Wasseroberfläche spiegeln. Teile des Seeufers stehen wegen der einzigartigen Flora und Fauna unter Naturschutz und dürfen nicht betreten werden. In diesen ausgeschilderten Bereichen sollte man nicht baden.

Das Gewässer ist zwei Hektar groß und wird vom Zartenbach durchflossen. Zum Teil liegen gewaltige Gesteinsbrocken aus der Eiszeit am Ufer und im umgebenden Wald, was den Ort mystisch und märchenhaft wirken lässt. Die dortige Ruhe lädt zum Träumen ein.

Vielleicht nehmen Sie den Rückweg entlang des Sees Richtung Oberzarten, vorbei am Mathislehof mit seinem Hofladen. Er wird nach biologischen Richtlinien betrieben. Über den Hofweg geht es am Altenvogtshof vorbei zurück nach Hinterzarten.

✎ Haben Sie noch Muse? Machen Sie einen Abstecher zum Dorneck, der Weg dorthin geht vom Mathislehof im Oberzartener Weg 2 ab. Ein wunderschöner Aussichtsfels mit Blick zum Titisee erwartet Sie.

ZUM HINTERZARTENER MOOR FÜHRT EIN BARRIEREFREIER FUSSWEG,
DER BEIM BAUHOF VON 79856 HINTERZARTEN, RUND 500 METER HINTER
DEM BAHNHOF BEI DEN PARKPLÄTZEN, BEGINNT.

WEITERE INFORMATIONEN ERHÄLTLICH BEI DER TOURIST-INFORMATION
HINTERZARTEN /// FREIBURGER STRASSE 1 /// 79856 HINTERZARTEN ///
0 76 52 / 1 20 60 ///

Wissen Sie, was Spirken sind? Ich wusste es bis zu meinem Ausflug ins Moor von Hinterzarten nicht. Es handelt sich dabei um eine besondere Art von Kiefern, die sich an die Untergrundfeuchtigkeit angepasst haben. Sie wirken düster und verkrüppelt – wen wundert's bei ständig nassen Füßen.

Das Moor beginnt 500 Meter östlich vom Bahnhof Hinterzarten hinter dem Gewerbegebiet und kann über einen rund zwei bis drei Kilometer langen Rundweg durchlaufen werden. Es ist mit circa 70 Hektar das größte Moor im Hochschwarzwald. Durch das Feuchtgebiet geht es über Holzbohlen, die durchgängig barrierefrei sind. Links und rechts vom Steg kann man Kleinstlebewesen beobachten, wie Wasserläufer und seltene Schmetterlinge. In der Moormitte, wo sich ein kleiner See gebildet hat, scheint es sogar der seltenen Kiefer zu feucht zu sein. Abgestorbene Spirken bezeugen dies. Dort ist es lichter und sonniger, und das Moor gibt den Blick auf sein Innerstes frei. Hier gedeihen Torfmoose, Rosmarinheide, Sumpfblutauge, Wollgräser und Rauschbeere. Letztere ist eine besondere Form der Heidelbeere, die, wie ihr Name sagt, bei größeren Mengen berauschend wirkt. Man erkennt sie an den weißlich schimmernden Blättern. Im Gegensatz zu Heidelbeeren sind sie ein klein bisschen größer und fade im Geschmack.

Das Moor liegt auf einer Wasserscheide, ein Teil des Wassers fließt nach Westen über das Moosbächle ins Höllental, der andere nach Osten in den Titisee. Schlussendlich erreichen die Moorwässer alle über den Rhein die Nordsee.

Der Rundweg verlässt das Moor und führt über eine Feuchtwiese mit unzähligen bunten und seltenen Blumen. Ein Eldorado für Liebhaber. An einem Grillplatz vorbei geht es zurück nach Hinterzarten.

🏷 Vom Bahnhof aus ist es nicht weit zu den Sommerskisprungschanzen im Adlerstation. Sie sind Olympiastützpunkt, werden das ganze Jahr zu Trainingszwecken benutzt und sind frei zugänglich.

JOCKELESHOFMÜHLE /// AM WINTERHALDENWEG 63 ///
79856 HINTERZARTEN ///

BESICHTIGUNGEN BUCHBAR BEI DER HOCHSCHWARZWALD
TOURISMUS GMBH /// FREIBURGER STRASSE 1 /// 79856 HINTERZARTEN ///
0 76 52 / 1 20 60 ///

WAS KLAPPERT IM SCHWARZWÄLDER TAL?
Jockeleshofmühle, Hinterzarten

Wem klingt der alte Schlager über die Mühle nicht noch im Ohr? Mühlen sind im »Schwarzwälder Tal« keine Seltenheit. Seit über 300 Jahren wurden sie als Teil von größeren Höfen gebaut, wie auch Hofkapellen oder Backhäuser. Die Mühle des Jockeleshofs bei Hinterzarten war anfangs eine reine Getreidemühle, in der heimische Körner wie Roggen, Dinkel und Gerste gemahlen wurden. Im 19. Jahrhundert wurde sie um eine Säge erweitert. Das Kleinod liegt auf halber Strecke zwischen Hinterzarten und Titisee. Ein Weiher hinter der Mühle wird aus dem Hinterzartener Moor gespeist, das von dort abgehende Bächlein fließt dem Titisee zu.

Die Energie des wasserbetriebenen Mühlrads der Mühle wurde über »Transmission«, also über ein historisches Riemengetriebe, umgesetzt, womit verschiedene Maschinen auf dem Hof angetrieben wurden, wie zum Beispiel Drehbänke und Schleifsteine.

Die Höllentalbahn trennte Ende des 19. Jahrhunderts den Hof von der Mühle, die heute jenseits der Bahntrasse liegt. Durch den Bau der Oberleitung musste das Transmissionsseil zwischen Mühle und Hof gekappt werden. Die Säge verlor dadurch ihren Sinn und zerfiel. Inzwischen ist dieses Kulturgut liebevoll restauriert worden und kann auf Anfrage bei der Hochschwarzwald Tourismus GmbH von Gruppen besichtigt werden. Eine außen angebrachte Tafel informiert zudem über die frühere Arbeitsweise in diesem kunsthistorischen Denkmal.

Warum gab es erst ab dem 17. Jahrhundert Hofmühlen? Zuvor war es den Bauern verboten ihr eigenes Korn zu mahlen. Durch einen Erlass des Kaisers Friedrich Barbarossa im Jahr 1158 erhielten nur Landesherren und Klöster das Mühlenrecht. Diese vergaben Lehen an die Müller. Kaiser Joseph II. lockerte 1789 diese Bestimmung in Vorderösterreich, und 1866 wurde sie im gesamten deutschen Gebiet aufgehoben.

✐ Am etwa 6 Kilometer langen Winterhaldenweg vom Hinterzartener Bahnhof nach Titisee gibt es im Bärenhofgebiet, kurz vor dem Bahnübergang bei der Bärenmühle, viele Miniaturmühlen zu bestaunen.

DIE WETTERBUCHEN AM SCHAUINSLAND BEFINDEN SICH AUF DER PASSHÖHE GEGENÜBER DEM WANDERPARKPLATZ IN DER SCHAUINSLANDSTRASSE 390 IN 79289 HORBEN.

ABFAHRT DER SCHAUINSLANDBAHN AB DER TALSTATION /// BOHRERSTRASSE 11 /// 79289 HORBEN /// 07 61 / 4 51 17 77 /// WWW.SCHAUINSLANDBAHN.DE ///

WEITERE INFORMATIONEN ERHÄLTLICH BEI GÄSTEFÜHRERIN URSEL LORENZ /// NATOURPUR /// HAUS SILBERDISTEL /// DORFSTRASSE 11 /// 79254 OBERRIED-HOFSGRUND /// 0 76 02 / 5 12 /// WWW.NATOURPUR-SCHAUINSLAND.DE ///

Gleichgültig, wann Sie den Schauinsland besuchen, die Wetterbuchen in ihrer sturmgeprägten Schräglage faszinieren die Menschen seit Generationen zu jeder Jahreszeit. Im Frühjahr kleiden sie sich mit zartem Grün, im Sommer beschatten sie Spaziergänger mit rauschendem Blätterwald, im Herbst leuchtet ihr Rot weit ins Land, im Winter stehen sie nackt, bis sie schließlich von dickem Weiß bedeckt werden. Die Kälte lässt den Schnee festfrieren, die Bäume wirken noch mächtiger. Mit ihren kräftigen Stämmen trotzen sie jedem Sturm. Durch den starken Wind hier oben wachsen sie von Westen nach Osten; nirgends bläst er stärker. Die Wetterfront peitscht fast das ganze Jahr von Frankreich her über das Rheintal und prallt mit voller Wucht an den Schauinsland. Die Buchen haben sich angepasst. Sie sind zäh.

Im Schwarzwald sind sie gemeinhin unter dem Namen »Weidbuchen« bekannt, weil sie, an Weiden stehend, dem Verbiss durch das Vieh ausgesetzt sind und gleichsam keinen Haupttrieb mehr ausbilden können. Sie wachsen mehrarmig in die Breite. Ein solcher Jungbaum, auch »Kuhbusch« genannt, braucht 50 Jahre, bis er einen Meter Höhe erreicht. Das erklärt seine Kraft. Sind die Bäume nach mehreren Jahrzehnten, manchmal Jahrhunderten, breit genug, dass das Vieh nicht mehr bis zur Buschmitte vordringt, bilden sie einen Stamm nach oben aus. Im Schnitt werden die Bäume 250 Jahre alt.

Heute wird das Milchvieh seltener auf die Weiden getrieben, was zur Befürchtung führte, die kräftigen Buchen könnten sich nicht mehr ausbilden. Eine Untersuchung sollte dies klären. Bei der Erfassung am Belchen und Schauinsland hat sich die Annahme nicht bestätigt. Man fand um die 1.600 Stellen, an denen Weidbuchen als Kuhbusch wachsen.

Auch für die Natur spielen diese Bäume eine wichtige Rolle, denn sie bieten Platz für seltene Moose und Flechten.

✎ Seit 1981 hat der Schauinsland einen Aussichtsturm, benannt nach Eugen Keidel, dem einstigen Oberbürgermeister von Freiburg. Er ist wenige Gehminuten von der Bergstation der Schauinslandbahn entfernt.

BLICK VON DER TERRASSE DES CAFÉ UND RESTAURANT

DIE BERGSTATION /// SCHAUINSLANDSTRASSE 390 ///
79254 OBERRIED /// 0 76 02 / 7 71 /// WWW.DIEBERGSTATION.DE ///

MUSEUMS-BERGWERK SCHAUINSLAND /// SCHAUINSLANDSTRASSE 390,
DEM WEGZEICHEN AB DER BERGSTATION CIRCA 400 METER FOLGEN ///
79254 OBERRIED /// 07 61 / 2 64 68 /// WWW.SCHAUINSLAND.DE ///

Die Bergstation auf Freiburgs Hausberg, dem Schauinsland, liegt auf 1.220 Meter. Die dortige Bergstation ist für viele nicht nur Zwischenstation, sondern mit dem gehobenen und gutgehenden Ausflugrestaurant auch Endziel. Sie kann von Horben aus, das neun Kilometer südlich von Freiburg liegt, per Seilbahn erreicht werden. Mit der längsten und ältesten Umlaufseilbahn Deutschlands.

Bewohner des Unterlands, wie das Rheintal genannt wird, nutzen die Gelegenheit und entschweben im Herbst dem Nebel, um auf dem Berg ein paar Sonnenstunden zu genießen. Die Bahn, in den 30er-Jahren des letzten Jahrhunderts erbaut, ist genauso alt wie die Bergstation, die man 2013 generalüberholte und deren Restaurant seither mit überarbeitetem Konzept in neuem Glanz erstrahlt.

Im 14. Jahrhundert nannte man den Berg »Schouw-es-land«, klang also fast wie heute: »Schau-ins-land«. Und das sollten Sie tun. Ins Land hinunterschauen. Am besten und bequemsten von der Bergstation aus. Entweder drinnen vom Restaurant mit Tal- und Weitblick oder von der luftigen Terrasse aus. Schauen Sie von den Alpen bis zu den Vogesen, hinunter ins Rheintal vom Markgräfler Land bis zum Kaiserstuhl. Genießen Sie dabei Selbstgemachtes aus der Region. Oder Sie besuchen eine der dortigen Veranstaltungen; *Kaffee mit Schuss* werden die regelmäßigen Krimilesungen genannt. Anschließend können Sie im nostalgischen Kiosk aus den 30er-Jahren stöbern.

Auf dem Rückweg mit der Bahn halten Sie am besten Ihre Augen auf. Gelegentlich tummelt sich eine Herde Gämse auf der Holzschlägermatte, wie der Steilhang genannt wird. Etwa 800 dieser wilden vierbeinigen Bergbewohner leben im Schwarzwald, die meisten im Umkreis des Feldbergs. Die Wahrscheinlichkeit, den scheuen Tieren in freier Wildbahn zu begegnen, ist jedoch sehr gering.

✍ Das Bergwerk Schauinsland kann im Rahmen einer Führung besichtigt werden. Es liegt nur wenige hundert Meter vom Café und Restaurant Die Bergstation entfernt.

HALDE AM SCHAUINSLAND /// IN DER HALDE 2, AN DER L 124 KURZ VOR
ABZWEIG HOFSGRUND GELEGEN /// 79254 OBERRIED-HOFSGRUND ///

HOTEL DIE HALDE /// HALDE 2 /// 79254 OBERRIED-HOFSGRUND ///
0 76 02 / 9 44 70 /// WWW.HALDE.COM ///

WEITERE INFORMATIONEN ERHÄLTLICH BEI GÄSTEFÜHRERIN
URSEL LORENZ /// NATOURPUR /// HAUS SILBERDISTEL ///
DORFSTRASSE 11 /// 79254 OBERRIED-HOFSGRUND /// 0 76 02 / 5 12 ///
WWW.NATOURPUR-SCHAUINSLAND.DE ///

Während im Sommer die Wagemutigen mit gemieteten Rollern ins Tal preschen, wirken die Schneeschuhtouren im Winter eher gemächlich. In Hofsgrund am Fuße des Bergs kann man Skischuhe und Guide mieten. Ski alpin und Langlauf kenne ich von klein auf. Aber Schneeschuhwandern?

»Bergschuhe reichen für die Bindung«, versichert meine Tourenführerin Ursel Lorenz. Also festschnallen und probelaufen. Der Fuß rollt ab wie auf einer Schaukel, die Auftrittsfläche, die sich an der Sohle befindet, bleibt dabei stabil auf dem Schnee. Ein ungewohntes Gefühl. Man muss breiter gehen, nach ein paar Metern habe ich mich daran gewöhnt.

Wir starten unsere Tour beim Hotel Halde oberhalb der Ortschaft Hofsgrund. Das geschichtsträchtige Hotel schmiegt sich mit seinem breiten Walmdach an den rückwärtigen Bergrücken des Schauinsland. Über der L 124 erkennt man eine Erhebung in der Landschaft. Ursel erklärt, dass dies die Abräumhalde des einstigen Bergwerks war. Ich staune über die Dimensionen und denke an die mühevolle Arbeit in den Zeiten von 800 Jahren Bergbau!

Wir stapfen bei Sonnenschein an eisbehangenen Weidbuchen vorbei, hüpfen übermütig den schneebedeckten Hang hinunter in den Wald. Hier sind wir allein, keine Straße, kein Loipenbetrieb, nichts. Nur Stille. Wir bleiben auf einem Holzabfuhrweg, um das Wild nicht aufzuschrecken. Nach einiger Zeit bergab erreichen wir einen Fahrweg – puh, das ging in die Beine. Ursel lockt uns in die kleine Bauerngaststätte Zähringer Hof. Ein Glühwein sorgt für neuen Mut und rosige Wangen. Draußen wird es langsam dämmrig. Der Wanderweg hoch zieht sich. Schließlich haben wir die Halde im großen Bogen umrundet. Der Vollmond zeigt sich zwischen den Tannen, während im Hintergrund der Feldberg im letzten Abendlicht glänzt, als wir den Hotelparkplatz erreichen.

✍ Das Hotel Halde strahlt Behaglichkeit aus und punktet mit einer vorzüglichen Küche. Das Richtige nach einem ereignisreichen Tag im Schnee.

**HIRSCHSPRUNG IM HÖLLENTAL /// AN DER B 31 ///
79874 BREITNAU ///**

**WEITERE INFORMATIONEN ERHÄLTLICH BEI DER TOURIST-INFORMATION
BREITNAU /// DORFSTRASSE 11 / 1 /// 79874 BREITNAU ///
0 76 52 / 1 20 60 ///**

TOR DES SCHWARZWALDES
Hirschsprung im Höllental

79

Die Fahrt mit der Höllentalbahn nach Himmelreich bietet einen echten Höhepunkt: den Hirschsprung. Sobald die ersten steilen Felsen aufragen, muss man jedoch auf der Hut sein. Es sind nur Bruchteile von Sekunden, in denen der Blick auf den Hirschsprung freigegeben wird, bevor der Zug in den Falkensteigtunnel donnert. Mit dem Auto ist es leichter: Von Freiburg kommend befindet sich unmittelbar unter dem Fels eine Parkbucht.

Hier ist die engste Stelle des Tals, die Klamm Höllenpass. Die Wände bestehen aus Gneis und ragen beidseits 130 Meter hoch, unten rauscht der Rotbach, auch Höllenbach genannt. Oberhalb der Klamm befindet sich der Bahnhof Hirschsprung, wo früher eine zweite Lokomotive angekuppelt werden musste, um über genügend Schub- beziehungsweise Zugkraft bis Hinterzarten zu verfügen. Vor dem Ausbau der Straße war die Engstelle nur neun Meter breit. Aus dieser Zeit stammt die Sage um die Namensentstehung des Hirschsprungs. Ein Ritter der Burg Falkensteig, deren Ruine sich über dem gleichnamigen Tunnel befindet, war auf die Jagd gegangen, sichtete nach langer Suche einen prächtigen Hirsch und nahm die Fährte auf. Getrieben von Todesangst sprang das Tier über die Schlucht und entkam.

Die Geschichte des Denkmals geht auf das Jahr 1856 zurück, als die Gemeinde Falkensteig anlässlich der Hochzeitsreise des Großherzogenpaares Friedrich und Luise von Preußen durchs Höllental einen hölzernen Hirsch zur Begrüßung auf dem Felsen errichten ließ. Mehrere Modelle folgten, bis man 1907 den noch heute existierenden 350 Kilogramm schweren und 2,50 Meter hohen Bronzehirsch aufstellte. 2010 wurde er restauriert, fünf Farbschichten mussten entfernt und zahlreiche Schusslöcher aus der Kriegszeit geschlossen werden.

🐾 Die fünfstündige Wanderung ab Bahnhof Himmelreich in Kirchzarten über Piketfelsen und Ravennabrücke nach Hinterzarten bietet tolle Ausblicke in das Höllental. Infos zu Tour und Karte bei der Tourist-Info.

ST.-OSWALD-KAPELLE IM HÖLLENTAL /// HÖLLSTEIG 79 ///
79874 BREITNAU ///

HOFGUT STERNEN /// HÖLLSTEIG 76 /// 79874 BREITNAU ///
0 76 52 / 90 10 /// WWW.HOFGUT-STERNEN.DE ///

GEBEINE ALS RELIQUIE

St.-Oswald-Kapelle im Höllental

80

Im Höllental, abseits bekannter touristischer Attraktionen, steht das kleine Kirchlein St. Oswald. Ein bequemer Fußweg führt in fünf Minuten vom Hotel Sternen dorthin.

Das Gotteshaus hat eine lange Geschichte und gilt als die älteste Kirche des Hochschwarzwaldes, die noch als solche genutzt wird. Erbaut wurde sie im 12. Jahrhundert von den Falkensteinern, einem Adelsgeschlecht aus dem Höllental. Zu jener Zeit lebten in dieser Gegend fünf Bauernfamilien. Neben der Pferdewechselstation und dem Gasthaus brauchte man einen Ort des Gebetes. Ritter Kuno von Falkenstein war ein religiöser Mann, der später ins Kloster St. Peter eintrat. Er gilt als Gründer der Kirche, die nach dem heiligen Oswald benannt ist. Dieser lebte im siebten Jahrhundert als König in Northumbrien und starb den Märtyrertod. Die weitverzweigten adeligen Familienbande der Falkensteiner reichten bis in die Heimat des Heiligen. Bemerkenswert ist, dass das Kirchlein vom Bischof zu Konstanz persönlich eingeweiht wurde.

Ein gläserner Anbau, ein Beinhaus, befindet sich neben dem Eingang. Woher stammen die menschlichen Knochen, mit denen er angefüllt ist? Nein, hier wurde kein Heer niedergemetzelt. Es sind die Überreste der Höllental-Bewohner aus dem frühen Mittelalter, die man ausgrub, als der an die Kapelle angrenzende Friedhof überfüllt war. Die Sitten waren anders, die Gebeine galten als heilig.

Der spätgotische Altar aus dem frühen 16. Jahrhundert wird Hans Baldung Grien zugeschrieben. Die Altarfiguren, die den Apostel Matthias sowie die Heiligen Oswald und Michael zeigen, sind Kopien. Die St.-Oswald-Kapelle wurde 1980 ausgeraubt, weshalb vor dem Chor ein Schutzgitter errichtet wurde. Die wiedergefundenen Originale befinden sich in der Kirche in Hinterzarten.

Falls die Kapelle verschlossen ist, kann der Schlüssel dazu an der Rezeption des Hofguts Sternen abgeholt werden.

DER KREUZFELSEN VON 79874 BREITNAU IST NAHE DES WEILERS
HÖLLSTEIG GELEGEN UND WIRD VON DER B 31 AUF HALBER HÖHE
ZWISCHEN HOFGUT STERNEN UND HINTERZARTEN UMRUNDET.

HOFGUT STERNEN /// HÖLLSTEIG 76 /// 79874 BREITNAU ///
0 76 52 / 90 10 /// WWW.HOFGUT-STERNEN.DE ///

MIT 360 GRAD KURVIG NACH OBEN

Kreuzfelsen im Höllental

81

Der Kreuzfelsen im Höllental steht wie ein Fels in der Brandung. Fährt man mit dem Auto in die Hochlagen des Schwarzwaldes, muss ein kompletter Kreis um den riesigen Gesteinsbrocken gedreht werden. Es ist ein regelrechtes Hochschrauben. Der Weg wäre sonst zu steil. Wie machten das die Reisenden früher? Vor dem Ausbau war das Höllental wegen seiner Engstellen nur eingeschränkt passierbar, man reiste vorwiegend über das Wagensteigtal.

Kreuzfelsen tauchen häufig im Zusammenhang mit keltischen Wegzeichen auf. Könnte dies auch hier der Fall gewesen sein? Gut möglich, denn im Auslauf des Höllentals gab es zu Zeiten der Kelten eine größere Siedlung – *Tarodunum* bei Kirchzarten. Der Hochschwarzwald war nur Jagdgebiet. Man orientierte sich in der Wildnis an großen Steinen oder Felsen, später wurden diese heidnischen Wegkreuzungsfelsen mit christlichen Kreuzen versehen. Wie hier.

Ab 1760 verkehrte die Postkutsche durch das Höllental, an der Steilstelle mussten die Passagiere aussteigen und zu Fuß gehen. Die Gefahr des Abrutschens war zu groß. Beim heutigen Hofgut Sternen standen Pferde bereit für den Vorspanndienst, das heißt, um die Steilstrecke zu meistern, mussten mehrere Tiere vor die Kutsche gespannt werden. Man lieh sich die zusätzlichen Pferde bis Hinterzarten. Ein einträgliches Geschäft. 1770 kündigte sich hoher Besuch an, Marie Antoinette, die Tochter der österreichischen Kaiserin, musste auf ihrem Hochzeitszug nach Frankreich das Höllental passieren. Hierfür ließ man die Straße extra ausbauen. 235 Personen, 57 Wagen und 250 Pferde umfasste der Zug, nichts für einen einfachen Karrenweg.

1857 beschloss man, die gefährliche Steilstelle mit Serpentinen zu entschärfen. Ab nun verlief die Straße im engen Bogen um den berüchtigten Fels herum.

✆ Nahe des Hofguts Sternen führt ein ausgeschilderter, wundervoller Wanderpfad etwa fünf Kilometer lang über Brücken und Felsen durch die wildromantische Ravennaschlucht nach Hinterzarten.

KLOSTERBIBLIOTHEK ST. PETER /// KLOSTERHOF 11 /// 79271 ST. PETER ///

FÜHRUNGEN KÖNNEN ÜBER DAS GEISTLICHE ZENTRUM GEBUCHT
WERDEN /// KLOSTERHOF 2 /// 79271 ST. PETER /// 0 76 60 / 9 10 10 ///

Die Rokokobibliothek des Klosters St. Peter zählt zu den beeindruckendsten Räumlichkeiten des ehemaligen Benediktinerklosters. Die Entstehung des Klosters geht auf das elfte Jahrhundert zurück. Gründer war Berthold II. aus dem Herzogengeschlecht der Zähringer. St. Peter diente der Adelsfamilie als Hauskloster und Grablege.

Nach dem Dreißigjährigen Krieg sehnte man sich vermutlich nach Schönheit, Licht und Glanz. So entstanden mehrere Klöster und Kirchen im Südwesten im Stil des *Vorarlberger Barock*, benannt nach der Heimat des Baumeisters Peter Thumb, von dem auch der Entwurf für St. Peter stammt.

Der Bau der Bibliothek geriet nach dem Tod des Abts Bürgis ins Stocken, Frankreich besetzte den Breisgau, die Gelder waren knapp. Abt Wülberz stoppte das Vorhaben. Elf Jahre später, unter Abt Steyrer, wurde die Bibliothek von Thumb im Rokokostil weitergebaut und 1753 vollendet. Neben etlichen bekannten Künstlern war der einheimische Matthias Faller hier zehn Jahre als Bildhauer tätig. Seine Figuren auf der Galerie stellen die verschiedenen Wissensbereiche dar und sind nach Vorlage des Klosterbildhauers Christian Wenzinger gearbeitet.

Die umfangreiche und sachkundige Büchersammlung trägt die Handschrift Abt Steyrers. Bis 1774 war sie auf beachtliche 14.000 Bände, bis zur Verstaatlichung des Klosters 1806 auf 20.000 Exemplare angewachsen. Nur ein kleiner Teil davon blieb nach der Auflösung der Abtei in St. Peter, den großen Rest verteilte man auf verschiedene staatliche Bibliotheken Baden-Württembergs, wie Karlsruhe und Freiburg. 2008 wurden in St. Peter zufällig 1.000 Bücher aus altem Bestand, darunter eine Bibel von 1482, gefunden. Diese werden in der Schatzkammer des Klosters verwahrt.

Die Bibliothek kann im Rahmen einer der empfehlenswerten Führungen besichtigt werden.

✍ Peter Thumb, der Baumeister von St. Peter, hat im Schwarzwald zahlreiche Kirchen gestaltet: die Klosterkirche Friedenweiler und St. Trudpert im Münstertal sowie St. Ulrich bei Bollschweil.

ZUR LINDLEHÖHE VON 79271 ST. PETER DEM HORNWEG AB
BUSHALTESTELLE CAMPINGPLATZ ST. PETER (KREUZUNG HALDENWEG /
GLOTTERTALSTRASSE) CIRCA ZWEI KILOMETER BIS ZUM HORNHOF FOLGEN,
DANN ÜBER DEN KANDELHÖHENWEG ZUR ANHÖHE AUFSTEIGEN.

WEITERE INFORMATIONEN ERHÄLTLICH BEI DER TOURIST-INFORMATION
ST. PETER /// KLOSTERHOF 11 /// 79271 ST. PETER /// 0 76 52 / 1 20 60 ///

EIN PLATZ DER STILLE

Die Lindlehöhe liegt auf dem Bergrücken zwischen dem Teilstück der Panoramastraße St. Peter–Glottertal und dem Eschbachtal. Man erreicht sie über eine kleine Wanderung von zwei bis drei Kilometern ab dem Parkplatz Hornweg, gegenüber dem Campingplatz St. Peter. Bis kurz vor dem Hornhof folgt man dem Kandelhöhenweg, biegt dann rechts ab, geht am Wald entlang, immer mit traumhafter Sicht auf St. Peter, vorbei am Höhenrücken Langeck. Ein Schild weist den Weg.

Von der Lindlehöhe wandert der Blick des Betrachters ins Dreisamtal und ins Glottertal. Zwei beschattete Bänke laden zur Ruhe – eine schaut nach Süden ins Dreisamtal, gen Feldberg und Schauinsland, und die andere nach Norden ins Glottertal und gen Kandel. Im Tal liegt der Lindlehof – ein Bauernhof und Namensgeber dieser Anhöhe. Um das ganze Panorama und den Wechsel zwischen Berg und Tal auf sich wirken zu lassen, empfiehlt es sich, die Plätze auf den Bänken nach einer Weile zu tauschen.

Es ist ratsam, die Lindlehöhe nur bei klarem Wetter aufzusuchen, sonst könnte es passieren, dass Sie den Nebelgeistern begegnen, wie die Einheimischen die Gefahr des Verirrens bei Nebel scherzhaft umschreiben.

Der Platz ist weitgehend unbekannt, aufmerksam auf ihn wurde ich durch das Mundartlied *D' Lindliheh* von Roswitha Dold. Die Balladensängerin wohnt ganz in der Nähe, ihre alemannischen Lieder berühren die Schwarzwälder Seele. Auch für mich ist er ein Platz der inneren Einkehr und Inspiration. Damit er das bleibt, sollte man ihn pfleglich behandeln.

Wer mag, kann dem Wanderweg weiter bis ins Glottertal folgen. Er ist kein Pfad für die Massen, sondern ein ausgetretener Grasweg, der hier parallel zu dem viel bekannteren Kandelweg verläuft.

⌀ Im Tal, beim Lindlehof im Hornweg 10, steht eine wunderschöne Kapelle neben einer 300-jährigen Linde.

URSPRÜNGLICHE SCHWARZWALDUHR MIT HOLZZAHNRÄDERN IM KLOSTERMUSEUM ST. MÄRGEN /// RATHAUSPLATZ 1 /// 79274 ST. MÄRGEN /// WWW.KLOSTER-MUSEUM.DE ///

WEITERE INFORMATIONEN ERHÄLTLICH BEI DER TOURIST-INFORMATION /// RATHAUSPLATZ 6 /// 79274 ST. MÄRGEN /// 0 76 52 / 1 20 60 ///

»Uhrenland« nannten die Schwarzwälder die Länder, in denen sie ihre Uhren verkauften. Das geschah im 19. Jahrhundert nahezu weltweit, überwiegend jedoch in England. Im KlosterMuseum in St. Märgen, das im ehemaligen Kloster des Orts untergebracht ist, können Sie durch die Geschichte der Uhrenherstellung wandeln: Wie sind Uhren aufgebaut? Wie haben sie sich entwickelt und wohin reisten die Händler? Wodurch unterscheiden sich die einzelnen Uhrentypen? Woher kommt der Kuckuck? Und was sind Schwarzwaldengländer?

Beim Besuch des Museums betrachtet man nicht nur die Exponate, man blickt quasi in die Seele und Lebensweise der Schwarzwälder damals. So mögen die Schwarzwälder Uhrenhersteller in jener Zeit die Tradition des Teetrinkens von den Engländern übernommen haben, ein Schwarzwälder Schinken war ihnen trotz allem lieber als Porridge. Er fand stets in der gepackten Kiste einen Platz neben den Uhren.

Auch der Hinterglasmalerei sind im KlosterMuseum drei Räume gewidmet, sie entstand aus der Uhrenschildmalerei, also der Verzierung der Schilderuhr, und hatte einen praktischen Sinn. Die Urschwarzwaldhöfe hatten keinen Kamin – der Rauch konservierte neben Würsten und Schinken die Balken – und der Ruß, der sich auf den Bildern absetzte, konnte dank der Hinterglasmalerei nun abgewaschen werden. Wie der Name schon sagt, musste der Maler dazu spiegelverkehrt auf eine Glasscheibe malen, um das Bild entstehen zu lassen. Das Bild war somit »hinter Glas«. In St. Märgen wurden Votivbilder, also Heiligenbilder, für Pilger auf diese Weise hergestellt.

Selbstredend wird auch dem »Herrgottsschnitzer« Matthias Faller im Museum gedacht, lebte und wirkte er doch lange in St. Märgen. Seine Figuren und Altäre entstanden in der Zeit des Barock und Rokoko.

☞ Sowohl in der Klosterkirche als in der Ohmenkapelle – auf dem Ohmenberg gelegen, unterhalb des Ortes – finden sich Werke des Klosterbildhauers und Holzschnitzers Matthias Faller.

STEINBACHHOF MIT BAUERNGARTEN /// FAMILIE SCHWÄR ///
STEINBACHTAL 10 /// 79274 ST. MÄRGEN /// 0 76 69 / 2 78 ///
WWW.DER-STEINBACHHOF.DE ///

HEILIGTUM DER BÄUERIN

Steinbachhof mit Bauerngarten, St. Märgen

85

Stellvertretend für viele wunderschöne Bauerngärten im Hochschwarzwald möchte ich den Garten vom Steinbachhof vorstellen, in den ich mich verliebt habe. Der Hof liegt außerhalb St. Märgens, nahe der Weißtannenhalle unten im Steinbachtal, und kann auf eine über 900-jährige Geschichte zurückblicken. Der jetzige Hof stammt von 1610, nachdem man den alten wegen der Pest hatte abbrennen müssen.

Ein besonderer Platz – der gleichzeitig das Heiligtum von Bäuerin Margarete Schwär ist – ist der Garten des Hofs. In mühevoller Arbeit trotzt sie der rauen Natur ein Pflanzenparadies ab. Alles hat seine Ordnung und seinen Zweck. Die Beerenhecken sind Marmeladelieferanten und schützen den Garten vor Wind, der Rindenmulch erschwert den Schnecken den Raubzug, die Blumen dienen der Seele und den Insekten, die Kräuter der Gesundheit und dem Geschmack – ach und Gemüse gibt es noch! Nicht alles wächst auf den Höhen des Schwarzwaldes, für Auberginen und Paprika zum Beispiel ist es hier zu kalt. Kohl, Lauch und Sellerie gedeihen jedoch bestens, um nur einige Sorten zu nennen. Der Sommer ist kurz in diesen Höhenlagen. Gut, wer im zeitigen Frühjahr vorsorgt und im Haus die ersten Pflanzen vorzieht, wodurch sie im Sommer schneller ausreifen. Im Geschmack übertreffen sie Supermarktgemüse, womöglich noch aus Übersee, allemal. Ein gut geführter Bauerngarten kann eine ganze Familie übers Jahr versorgen. So war es früher, und so will es Frau Schwär fortführen. Tradition wird auf dem Steinbachhof groß geschrieben. Mitten im Blütenparadies thront eine kleine Kapelle auf einer Erhebung. Ein Ort des Dankes für die göttlichen Gaben.

Der Garten des Steinbachhofs steht auf Anmeldung allen Besuchern offen, Margarete Schwär gibt ihr Wissen über die Natur bei Gartenführungen gerne weiter.

☞ Wer mehr über Bauerngärten erfahren will, der Naturpark Südschwarzwald hat eine Bauerngartenroute erstellt: www.bauerngarten-route.de

BLICK INS GLOTTERTAL VON DER THOMASHÜTTE AUF DEM KLEINEN KANDELFELS. SIE GEHÖRT ZU 79183 WALDKIRCH UND IST VOM GIPFEL AUS IN CIRCA 30 MINUTEN ÜBER DEN ZWEITÄLERSTEIG ZU ERREICHEN.

WEITERE INFORMATIONEN ERHÄLTLICH BEI DER TOURIST-INFORMATION WALDKIRCH /// MARKTPLATZ 1–5 /// 79183 WALDKIRCH /// 0 76 81 / 1 94 33 ///

WIE EIN ADLERHORST

Thomashütte, Kandel

86

Vorneweg: Um diesen Ort zu besuchen, muss man ein Vesper einpacken und auch trittfeste Wanderschuhe sind Pflicht, denn die Thomashütte ist alles andere als eine mit dem Auto anfahrbare Einkehrstube. Sie ist eine schlichte Schutzhütte aus Holz in exponierter, traumhaft schöner Lage. Sie liegt an der Südwestseite des Bergs Kandel, was keltisch ist und »glänzend« bedeutet.

Man erreicht sie über den steilen Zweitälerabstieg vom Gipfel aus, der Kandelpyramide, die fünf Gehminuten vom Wanderparkplatz gelegen ist. Der Abstieg dauert knappe 30 Minuten, der anschließende Aufstieg freilich länger. Anspruchsvoll ist die Alternative: der Aufstieg zur Thomashütte von Waldkirch über die Ruine Schwarzenburg.

Das Schutzhäuschen schmiegt sich auf 1.070 Höhenmeter wie ein Adlerhorst an einen Felsen, und genauso fühlt man sich dort – wie ein Adler in seinem Nest. Unterhalb gähnt der kleine Kandelfelsen, der über 50 Meter tief überhängend abfällt. Der gigantische Blick auf den Breisgau, das Glottertal und die Gipfel des Süd- und Hochschwarzwalds entlohnt für die Wandermühen. Der Platz um die Hütte bietet sich als Vesperplatz optimal an. Ein kleiner Vorsprung auf dem Felsplateau verleiht scheinbar Sicherheit, doch einen Schritt weiter und es geht in die Tiefe! An die Rückwand der Hütte gelehnt lässt es sich perfekt in der Sonne die Ruhe genießen, den erhabenen Blick über die Berglandschaft vor Augen. Hohe runde Gesteinsbrocken rückwärtig zwischen Hütte und Wanderweg locken Kinder zur Kletterpartie.

Namensgeber der Hütte war der Geheimrat und Universitätsprofessor Dr. Ludwig Thomas, ursprünglich Präsident des Schwarzwaldvereins und Vorreiter bei der Erschließung des Schwarzwalds mit Wanderwegen.

☞   Auf der Wiese unterhalb des Kandelgipfels kann man den dort startenden Gleitschirmfliegern zuschauen.

VOM GIPFEL DES KANDELS AUS, DEN MAN IN FÜNF MINUTEN VOM
PARKPLATZ (AN DER L 186) AUS ERREICHT, GEHT ES IN 20 MINUTEN
ÜBER EINEN TEIL DES DAMENPFADS (BLAUE RAUTE) ZUM GROSSEN
KANDELFELSEN IN 79183 WALDKIRCH.

WEITERE INFORMATIONEN ERHÄLTLICH BEI DER TOURIST-INFORMATION
WALDKIRCH /// MARKTPLATZ 1–5 /// 79183 WALDKIRCH ///
0 76 81 / 1 94 33 ///

VON HEXENTANZ UND TEUFELSFELSEN
Großer Kandelfelsen, Waldkirch

87

Wussten Sie, dass der Kandel den Zweitnamen *Blocksberg im Schwarzwald* trägt? Mystisch muss er schon unseren Vorfahren vorgekommen sein, denn man vermutet, dass die Kelten hier Fruchtbarkeitsfeste, das Beltanefest, feierten. »Beltane« bezeichnet die Nacht auf den ersten Mai, heute als Walpurgisnacht bekannt. Aha, werden Sie sagen; der Hexentanz. Der Überlieferung nach kamen im 15. bis 17. Jahrhundert die Breisgau-Hexen zum Tanz hierher. Eine andere Sage wähnte den Teufel auf der Spitze des großen Felsens. Dort soll er auf eine Gelegenheit gewartet haben, den im Untergrund befindlichen See zu befreien, den der Berg in der mythologischen Vorstellung gefangen hielt.

Aberglaube? Mit Sicherheit. Seltsam nur, dass 1981 ausgerechnet in der Walpurgisnacht die Teufelskanzel, der obere Teil des Kandelfelsens, donnernd zu Tale stürzte. Ein Erdbeben schlossen Seismologen aus. Auslöser war wohl der Frost, der Wasser in den zahlreichen Felsspalten gefrieren lassen hatte und dessen Ausdehnung beim Auftauen die Sprengung verursachte. Ein wissenschaftlicher Erklärungsversuch – die Gänsehaut blieb jedoch bei vielen Anwohnern.

Heute gilt der Große Kandelfelsen als Paradies für Kletterer. Ein steiler Weg, der *Damenpfad,* führt von Altersbach bei Waldkirch hier hinauf und schlussendlich bis St. Peter. Es war der Pilgerweg des Waldkircher Damenstifts St. Margaretha nach St. Peter. Wer dahinter einen leichten Aufstieg vermutet, liegt gewaltig daneben. 40 Kilometer und 1.550 Höhenmeter umfassen die Tour! Keine Kleinigkeit. Zum Glück liegt der Anstieg im Schatten der Bäume.

Entlang der Wanderwege informieren Stelen über die Besonderheiten der Gegend. Wussten Sie zum Beispiel, dass das Rheintal unter uns vor Jahrmillionen ein Meer war, das Mittelmeer und Nordsee verband?

✎ Ein umweltfreundlicher Skilift? Gibt es auf dem Kandel (Kandel 1, 79271 St. Peter), ohne Kunstschnee und mit Strom aus eigener Wasserkraft. www.kandellifte.de

DIESEN TRAUMHAFTEN AUSBLICK AUF DIE LANDSCHAFT ZWISCHEN
ST. MÄRGEN UND ST. PETER BIETET DIE PLATTE RUND UM DEN
POTSDAMER PLATZ /// 79271 ST. PETER ///

WEITERE INFORMATIONEN ERHÄLTLICH BEI DER TOURIST-INFORMATION
ST. PETER /// KLOSTERHOF 11 /// 79271 ST. PETER ///
0 76 52 / 1 20 60 ///

WINDREICHE HOCHFLÄCHE

Hochebene Platte, St. Peter

88

Die Platte ist eine Hochebene über den Orten St. Peter und St. Märgen, unweit des Kandelmassivs, deren östlicher Teil zum Simonswäldertal gehört. Was in Berlin einen Verkehrsknotenpunkt bezeichnet, ist hier schlicht ein Wanderparkplatz und der Startpunkt vieler Wanderrouten: der Potsdamer Platz auf 993 Metern. Von hier aus bietet sich ein herrlicher Blick über St. Peter, die südlichen Schwarzwaldberge bis ins Rheintal. Es reizt, die Gegend zu durchwandern; Möglichkeiten dazu gibt es mehr als genug. Ausflugsziel könnte zum Beispiel einer der Höfe sein, die auf der Platte stehen. Der hintere der beiden, der Plattenhof, ist bewirtschaftet und bietet regionale Schwarzwälder Kost.

Auf der Hochebene wird mit regenerativen Energien Strom erzeugt. Während der Wind durch das Haar streicht, kann man sich an Stelen entlang des Weges zu den Höfen informieren, wie viel Power in dem Luftstrom steckt. Mehrere Windräder säumen die Wanderwege entlang der Platte. Außerdem befindet sich der Plattensee auf der Hochebene, ein kleiner Stausee. 1924 wurde er für das Zweribachwerk im Simonswäldertal angelegt und wirkt für die Speisung eines Kraftwerks ziemlich klein. Auf Höhen um die 1.000 Meter sind die Niederschlagsmengen jedoch überdurchschnittlich hoch und somit rechnet sich das Staubecken durch den erhöhten Durchfluss. Vom Plattensee wird das Wasser seinem natürlichen Lauf, dem Zweribach, zugeführt, der in die Wilde Gutach mündet. Dort fließt es über Elz und Rhein der Nordsee zu.

Der ursprüngliche Teil des Zweribachs fällt in Richtung Simonswald steil ab und bietet ein beeindruckendes Spektakel: ein abgelegener Wasserfall mitten im faszinierenden Bannwald. Am unteren Teil des Wasserfalls ist ein schöner Rastplatz angelegt. Von dort besteht die Möglichkeit, weiter bis St. Märgen zu wandern.

✍ Himbeeren auf 1.100 Metern? Der Buchholzer Obst- und Beerenbaubetrieb Kury nutzt die Hochebene mit Erfolg für den Anbau einer kanadischen Spätsommersorte.

BLICK VON ST. PETER AUF DEN FELDBERG

LIEBLINGSPLÄTZE

Alle Bücher auf einen Blick ...

▶ **SÜDDEUTSCHLAND**

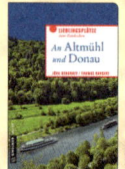

Berghoff,
An Altmühl und ...
978-3-8392-2100-6

Berghoff,
Frische Fahrt ins ...
978-3-8392-1626-2

Böttinger,
Hohenlohe pur ...
978-3-8392-1366-7

Böttinger/Geibel/...,
Das Beste aus Schw...
978-3-8392-2292-8

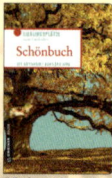

Böttinger/Jung,
Schönbuch
978-3-8392-2255-3

Bovers,
Chiemgau – weiß...
978-3-8392-1627-9

Bräu/Schoenwald,
Streifzüge durchs ...
978-3-8392-1785-6

Bruckner/Bur...,
Orte der Stille ...
978-3-8392-1867-9

Edelmann,
Rhön
978-3-8392-2094-8

Eigenbrodt,
Rhein-Neckar ...
978-3-8392-1703-0

Erle,
Freiburg und ...
978-3-8392-1704-7

Erle/Graf/...,
Das Beste aus Baden
978-3-8392-2291-1

Geibel,
Schwäbische Alb ...
978-3-8392-1983-6

Geiss,
Fünfseenland
978-3-8392-2377-2

Graf,
Der Schwarzwald
978-3-8392-1981-2

Hermann,
Hochschwarzwald
978-3-8392-2217-1

Hiefner-Konietzko,
Kurpfalz
978-3-8392-2385-7

Himmelstoß,
Nürnberg und Fürth
978-3-8392-1358-2

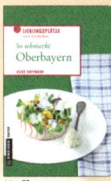
Hoffmann,
So schmeckt Ober...
978-3-8392-2338-3

Jenewein/Rothfuß,
Stuttgart ...
978-3-8392-1471-8

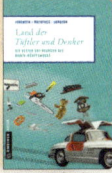
Jene.../Roth.../La...,
Land der Tüftler ...
978-3-8392-2001-6

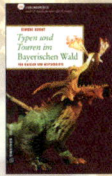
Kuhnt,
Typen und Touren ...
978-3-8392-1628-6

Merker,
Hochgefühl im ...
978-3-8392-1472-5

Paxmann,
Wunderbare Was...
978-3-8392-2147-1

Radke,
Alles fließt in ...
978-3-8392-1368-1

Riess,
Markgräflerland
978-3-8392-2153-2

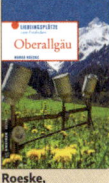
Roeske,
Oberallgäu
978-3-8392-2241-6

Schetar/Köthe,
Münchner Schma...
978-3-8392-1367-4

Schetar/Köthe,
Servus im Oberland
978-3-8392-1555-5

Schetar/Ulrich ...,
Das Beste südlich ...
978-3-8392-1870-9

Schmid C.,
Passauer Land
978-3-8392-1161-8

Schmid J.,
Oberschwaben ...
978-3-8392-1898-3

Schmöe,
Oberfranken
978-3-8392-2186-0

Schmöe/Steps,
Kurbäder im Herz...
978-3-8392-2418-2

Schöps,
Am Inn
978-3-8392-2004-7

Schütz,
Bodensee
978-3-8392-2005-4

Schwanfelder,
Mainfranken ent...
978-3-8392-1556-2

Schwanfelder,
Mittelfranken
978-3-8392-2284-3

Solcher,
Bayerisch-Schwaben
978-3-8392-2193-8

Spatz,
Auf ins Allgäu
978-3-8392-1899-0

Steiger/Steiger,
Von der Bergstra...
978-3-8392-2006-1

Thömmes,
So braut Deutsch...
978-3-8392-1873-0

Ulrich,
Kontraste im Pfaff...
978-3-8392-1709-2

Wegner,
Karlsruhe ...
978-3-8392-1363-6

GMEINER KULTUR

WWW.GMEINER-VERLAG.DE

Mensch, Kultur, Region

KRIMIS
aus der Region

Berst,
Fehlurteil
978-3-8392-1512-8

Braunbehrens,
Triadenspiel
978-3-8392-2024-5

Erle,
Höllsteig
978-3-8392-1748-1

Erle,
Mörderisches Freiburg
978-3-8392-2357-4

Obermaier,
Mörderischer Schwarzwald
978-3-8392-2189-1

Paradeiser,
Himmelreich und Höllental
978-3-8392-1121-2